Band 26

Schriften zum Notarrecht

Herausgegeben von der
Deutschen Notarrechtlichen Vereinigung e.V. (NotRV)

Prof. Dr. Nicola Preuß (Hrsg.)

Aufgabenübertragung auf Notare

Grundlagen und Grenzen

Nomos

Die Deutsche Nationalbibliothek verzeichnet diese Publikation in der Deutschen Nationalbibliografie; detaillierte bibliografische Daten sind im Internet über http://dnb.d-nb.de abrufbar.

ISBN 978-3-8329-5561-8

1. Auflage 2011

Vorwort

„Aufgabenübertragung auf Notare“ ist ein Thema von ständiger Aktualität und rechtspolitischer Brisanz. Bereits in der vergangenen Legislaturperiode diskutierten Rechtspolitiker verschiedener Professionen über die Länderinitiative zur Verlagerung gerichtlicher Aufgaben auf Notare. Der Koalitionsvertrag der Regierungsparteien enthält die Vereinbarung, die rechtlichen Voraussetzungen für eine Übertragung der Aufgaben des Nachlassgerichts 1. Instanz auf Notare zu schaffen. Im März 2010 hat der Bundesrat beschlossen, erneut einen Gesetzesentwurf zur Aufgabenübertragung auf Notare und zur entsprechenden Änderung des Grundgesetzes in den Bundestag einzubringen.

Die Frage nach den rechtlichen Grundlagen der Aufgabenübertragung auf Notare geht über diese aktuelle Diskussion hinaus. Am 13. November 2009 veranstaltete das Rheinische Institut für Notarrecht der Universität Bonn in Zusammenarbeit mit der juristischen Fakultät der Universität Düsseldorf ein Symposium zum Thema „Aufgabenübertragung auf Notare – Grundlagen – Grenzen – Ziele“, das sich diesem Themenkomplex mit unterschiedlichen Ansätzen näherte. Die wissenschaftlichen Vorträge befassten sich nicht nur mit den verfassungsrechtlichen und verfahrensrechtlichen Grundlagen der Aufgabenübertragung auf Notare, sondern ebenso mit den grundlegenden Fragen der Verortung der Notartätigkeit in der allgemeinen Privatisierungsdogmatik sowie mit der Kosten/Nutzen-Analyse einer Privatisierung der Zivilrechtspflege. Nach der Entscheidung des EuGH zur Europarechtswidrigkeit des Staatsangehörigkeitsvorbehalts für Notare (Rs. C-54/2008) spielen diese Fragen zudem eine besondere Rolle, da im Anschluss an die Entscheidung eine rege Diskussion zu ihren Auswirkungen stattfinden wird, für die eine Besinnung auf die Grundlagen der Aufgabenübertragung auf Notare von Interesse sein kann. Nicht zuletzt war es das Anliegen der Veranstalter, an die wissenschaftliche Auseinandersetzung eine Podiumsdiskussion anschließen zu lassen, um die rechtspolitische Diskussion nicht aus dem Auge zu verlieren und Denkprozesse anzustoßen. Dieses Konzept ist aufgegangen, wie die konstruktiven Stellungnahmen der Diskussionsteilnehmer und des Publikums zeigten.

Mit diesem Tagungsband sollen die vier Vorträge, die anlässlich des Symposiums zur „Aufgabenübertragung auf Notare“ gehalten wurden, sowie ein Wortlautprotokoll der Podiumsdiskussion einer breiteren Öffentlichkeit zugänglich gemacht werden. Insoweit könnten die Ergebnisse der Tagung dazu beitragen, den Überlegungen zur (Neu-) Strukturierung einzelner Bereiche der Freiwilligen Gerichtsbarkeit zusätzliche Impulse zu geben.

Düsseldorf im Mai 2011 Nicola Preuß

Inhaltsverzeichnis

Autorenverzeichnis

Prof. Dr. Martin Burgi, Bochum

Prof. Dr. Wolfgang Löwer, Bonn

Prof. Dr. Nicola Preuß, Düsseldorf

Prof. Dr. Gerhard Wagner LL.M., Bonn

Verfassungsrechtliche Grundlagen der vorsorgenden Rechtspflege durch Notare*

Prof. Dr. Wolfgang Löwer

Neulich hat ein amerikanischer Beobachter als eine der Ursachenfaktoren für die Immobilienblase in den Vereinigten Staaten ausgemacht, dass dort ein Notariatswesen wie z.B. in Deutschland fehle. Der deutsche Notar müsse den Vertrag vor der Unterschrift beiden Parteien erklären. Es geht um objektiven ‚legal advice' ‚by participation of a (...) government-appointed figure'. Dann könnten sich skrupellose Hypotheken-Ausleiher nicht ohne weiteres mit der Unterstützung "sympathischer Anwälte", die die Klienten nicht angemessen über Risiken aufklärten, am Markt etablieren.[1]

Das ist doch eine hübsche hypothetische Kausalitätsüberlegung: Mit Notaren keine Immobilienblase in den USA, ohne Immobilienblase keine Weltfinanzkrise. Die Welt ist offenbar mit Notaren besser als ohne!

Das ist Grund genug zu fragen, ob dieses System des deutschen Notariats auch über verfassungsrechtliche Eckpunkte stabilisiert ist. Das ist erstens die Frage nach dem Notariat in der Kompetenzordnung des Grundgesetzes (I), zweitens die Frage nach der Verankerung in den Staatsaufgaben (II) und drittens die Frage nach Freiheit und Bindung im Amt (III). Ein knapper Blick nach Europa beschließt meine Überlegung (IV). Mehr als eine Tour d'horizon ist indes nicht möglich.

* Der Beitrag beruht auf Überlegungen zur vorsorgenden Rechtspflege, die ich am 13. November 2009 auf dem Symposium „Aufgabenübertragung auf Notare: Grundlagen – Grenzen – Ziele", einer Gemeinschaftsveranstaltung des Rheinischen Instituts für Notarrecht der Universität Bonn und der Heinrich-Heine-Universität Düsseldorf, vorgelegt und anlässlich des 50jährigen Jubiläums der Bundesnotarordnung noch erweitert und ausgebaut habe.

1 Robert J. Stiller, The Subprime Solution. How Todays Global Financial Crisis Happened, and What to Do about it: auf das Zitat haben mich aufmerksam gemacht Lachmann/Filges/Götte/Ewer/Vossius/Frank, Unverdienter Dornröschenschlaf, FAZ 2011, Nr. 27, S. 19.

I.

1. Die kompetenzrechtliche Verortung des Notariats ist seit 1866 Thema der Rechts- und Verfassungspolitik gewesen[2]. Eine moderne Verkehrswirtschaft hat einen hohen Bedarf an Rechtssicherheit; das betrifft das Immobiliarsachenrecht, das betrifft den intergenerativen Gütertransfer, das betrifft das juristische Personenrecht u.v.m. Solche Rechtssicherheit ist schwerlich allein aus privatautonomer Verständigung erreichbar. Das ist nie umstritten gewesen; nur der Weg zum Ziel differiert.

Seit Kaiserreichs-Tagen war einigermaßen klar, dass eine reichseinheitliche Lösung des in der Rechtsform und im Aufgabenbestand uneinheitlichen Notariats reichsrechtlich regelungsbedürftig war. Art. 4 Nr. 13 RV 1871 bot mit der Bundeskompetenz für das „gerichtliche Verfahren“ auch die Gesetzgebungskompetenz für die Gerichtsverfassung[3]. Wenn in der damaligen Staatspraxis die Rechtsanwaltsordnung Teil der Gerichtsverfassung war[4], hätte auch eine Reichsnotarordnung kompetentiell erlassen werden können. Wie wir dank der Forschungen von Werner Schubert wissen, gab es dazu auch Vorarbeiten für Reichsjustizminister Leonhardt aus der Hand des Ministerialbeamten Kurlbaum[5], die aber nicht realisiert werden konnten, weil es in den Bundesstaaten des Deutschen Reiches eine große Anhänglichkeit (u.a. Bayern, Baden, Württemberg) an die angestammten Notariatsverfassungen gab, die eine Verständigung zeitgenössisch unmöglich gemacht haben.

Hinzu kommt die mangelnde Einigungsfähigkeit in der Frage, ob auch Anwälte zur gleichzeitigen Ausübung des Notarberufs zugelassen werden sollten[6]. Kurlbaums Vorschlag (aus preußischer Tradition denkend) lief insoweit auf eine Verstaatlichung des Notariats hinaus[7], wobei ein richtiger Ausgangspunkt mit einer nicht zwingenden Schlussfolgerung verknüpft wurde. Der Notar bringe „in seiner Be-

2 S. die exzellente Überblicksdarstellung von Werner Schubert, Geschichte des Notariats und Notarrechts in Deutschland, in: M. Schmoeckel/W. Schubert (Hrsg.), Handbuch zur Geschichte des Notariats der europäischen Tradition, 2009, S. 203 (219 ff.).

3 S. O. Reincke, Die Verfassung des Deutschen Reiches, Berlin 1906, Art. 4 Nr. 13 Anm. III A.

4 O. Reincke, (Fn. 3) Art. 4 Nr. 13 Anm. III A; s. auch Werner Schubert (Fn. 2), S. 223.

5 S. Werner Schubert, Die vergeblichen Versuche Preußens und des Reiches, das Notariat zu vereinheitlichen (1868 – 1874), in: Peter Johannes Schuster (Hrsg.), Tradition und Gegenwart, Fs. z. 175-jähigen Bestehens eines badischen Notarstandes, 1981, S. 159 (167 ff.) (dort auch der Entwurf Kurlbaum) sowie ders., Materialien zur Vereinheitlichungen des Notarrechts, 2004.

6 Speziell zur Geschichte des Anwaltsnotariats s. Monika Anders/Stephan Hackert, Das Anwaltsnotariat. Geschichte in Deutschland und Entwicklung in der Bundesrepublik, dargestellt am Beispiel des Landgerichtsbezirks Essen, in: Peter Hanau u.a. (Hrsg.), Notar als Berufung. Fs. f. Stefan Zimmermann, 2010, S. 1 ff.

7 Zitat bei W. Schubert (Fn. 5, S. 169 u. Fn. 2 S. 224).

rufstäthigkeit eine nur dem Staat innewohnende Kraft zur Geltung"[8] (richtig) und sei „deshalb als Organ des Staates, als Beamter zu betrachten" (nicht zwingend, unnötige Verengung des Amtsbegriffs) und natürlich sollte es dann den Anwaltsnotar nicht geben können[9]. Diese Position war in den Bundesstaaten des Kaiserreichs aber nicht mehrheitsfähig.

2. In der Weimarer Republik war die Vereinheitlichung des Notariats ein weiter verfolgtes Thema mit den Eckpunkten: Befähigung zum Richteramt plus notariatsbezogene praktische Ausbildung als Berufszugangsvoraussetzung sowie Lebzeitigkeit der Rechtsstellung auf der Basis einer Gebührenbeamtenschaft. Das Notariat muss als Hauptamt ausgeübt werden, soweit es nicht (kraft Landesrechts) mit dem Anwaltsberuf verknüpft wird.

In der Weimarer Zeit sind die Vereinheitlichungsbemühungen hinsichtlich der insgesamt 16 vorfindlichen Notariatsverfassungen trotz der Bemühungen von Notarverein und Deutschem Juristentag[10] nicht mehr zu Ende geführt worden.

3. Der nationalsozialistische Staat kannte keine kompetenzrechtlichen (oder überhaupt rechtliche) Hindernisse für seinen Willen. Erstaunlich ist die dann 1937 ergangene Reichsnotarordnung[11] gleichwohl, weil die Gesetzgebung – was allerdings für die Frühzeit nationalsozialistischen Rechts häufiger festzustellen ist – doch intensiv auf Weimarer Vorarbeiten zurückgriff (natürlich unter Hinzufügung spezifisch nationalsozialistischer Inhalte: Der Notar als „Rechtswahrer", Berufung des Präsidenten der Reichsnotarkammer durch den Reichsminister Justiz, Führerprinzip in der Kammer etc.[12]). Ziel des Gesetzes war die Konstituierung des hauptberuflichen Notariats in ganz Deutschland in Respekt vor reichsrechtlich akzeptierten partikularen Besonderheiten.

8 S. den Entwurf Kurlbaums (bei Schubert Fn. 5, S. 176, § 81). „Die Notare sind unmittelbare Staatsbeamte und stehen im Rang dem Amtsrichter gleich."

9 § 11: Das Amt eines Notars ist mit dem (...) der Rechtsanwaltschaft unvereinbar. Zur Begründung s. die bei W. Schubert (Fn. 5 S. 169 f.) wiedergegebene Textpassage aus dem Kurlbaum'schen Entwurf.

10 S. dazu die Hinweise bei Werner Schubert, Die Entwicklung der Reichsnotarordnung vom 13.02.1937, Rheinische Notarkammer (Hrsg.), in: Notar und Rechtsgestaltung. Tradition und Zukunft. Jubiläums - Fs. des Rheinischen Notariats, 1998, S. 693 f.

11 Reichsnotarordnung v. 13. Februar 1937, RGBl. I 191; s. zur Entstehung W. Schubert (Fn. 9), S. 693 (696 ff.).

12 S. Seybold/Hornig, Bundesnotarordnung. 4. Aufl. 1962, Entstehungsgeschichte, S. 2: „Da sich der Einfluss nationalsozialistischen Denkens vom übrigen Gesetzesinhalt unschwer trennen ließ, haben die Gerichte die Fortgeltung der Reichnotarordnung im Übrigen übereinstimmend bejaht."; von der Fortgeltung geht auch BVerfGE 17, 381 (389) aus.

Als Aufgabe wird in § 1 RNotO die „vorsorgende Rechtspflege“ benannt[13]. Der Notar ist Träger eines hauptberuflichen öffentlichen Amtes (öffentlich-rechtliches Treueverhältnis). Die Befähigung zum Richteramt plus Notarassessoriat ist Zugangsvoraussetzung. Die Zahl der Berufsträger mit Amtssitz und Amtsbezirk ist bedürfnisabhängig gestellt. Die Soziierung mit einem Rechtsanwalt ist unzulässig. Das hauptberufliche Notariat wird zur Regelform. **Transitorisch** darf territorial beschränkt das Anwaltsnotariat, das württembergische Bezirksnotariat und das badische Richternotariat fortbestehen[14].

4. Das ist zugleich der Eingangsbefund für die Nachkriegszeit. Die Besatzungseinwirkungen nach 1945 lasse ich hier außer Betracht[15]. Es ist hier nicht der Ort, die verwickelten Beratungen des Parlamentarischen Rates nachzuzeichnen, in die die Interessen der von der Reichsnotarordnung noch beibehaltenen partikularen Besonderheiten vielfältig eingespeist worden sind[16]. Das Ergebnis ist bekanntlich die konkurrierende Gesetzgebungszuständigkeit des Bundes für das Notariat (Art. 74 Abs. 1 Nr. 1 GG) bei Einfügung einer Reservatposition für Bayern, Württemberg und Baden für ihre Besonderheiten in der Notariatsverfassung (Art. 138 GG).

Die Folge in kompetenzrechtlicher Hinsicht war eigenartig[17] (und ist in Baden-Württemberg in der jüngeren Vergangenheit auch nicht immer richtig verstanden

13 Der zeitgenössische Referentenkommentar von Karl Seybold/Erich Hornig, Reichsnotarordnung v. 13. Februar 1937, Berlin 1937 § 1 Anm. 2 beschreibt die Aufgabe als „diejenige Rechtsbetreuung, die durch rechtskundige Mitwirkung bei der Gestaltung privater Rechtsbeziehungen der Rechtssicherheit und Streitverhütung dient“. Es handelt sich dabei „nicht um bestimmt abgegrenzten, durch Aufzählung der Einzelaufgaben erschöpfenden Zuständigkeitsbereich (…), sondern um einen seinem Ziel nach bestimmten, seinem Gegenstand nach vielgestaltigen, die verschiedensten Rechtsgebiete berührenden Aufgabenkreis.“ (Hervorhebung nur hier). Seybold/Hornig, haben 25 Jahre später den Referentenkommentar zur Bundesnotarordnung (als 4. Aufl. (sic!) 1962) vorgelegt. Die Formulierung ist (§ 1 Rn. 5) beibehalten.

14 Das Transitorische ergibt sich aus dem imperativen Präsens des § 7 RNotO („Die Notare werden zur hauptberuflichen Amtsausübung auf Lebenszeit bestellt.“) i.V.m. § 8 Abs. 2 RNotO („soweit in bestimmten Gerichtsbezirken nach der bisherigen Rechtsentwicklung das Bedürfnis besteht, können vorläufig dort auch Rechtsanwälte (…) bestellt werden.“ In § 86 Abs. 2 RNotO wird für die badischen Richternotare das erst „spätere Inkrafttrete“ der RNotO angekündigt. Die bayerische Notarkasse besteht als Anstalt des öffentlichen Rechts „ver-reichlicht“ fort (§ 84).

15 Die Reichnotarordnung galt zunächst in den Ländern vor Inkrafttreten des Grundgesetzes als Landesrecht fort und hatte z.T. zu gesetzlichen Modifikationen des Notariats geführt; s. die Hinw. bei Seybold/Hornig (Fn. 11), a.a.O.

16 S. dazu Wolfgang Löwer, Das badische Amtsnotariat in der grundgesetzlichen Kompetenzordnung, in: Fg. 100 Jahre Badischer Notarverein, 2000, S. 258 (267 – 274).

17 S. W. Löwer (Fn. 16) S. 275 ff.

worden). Art. 138 GG versteinert die dort genannten Einrichtungen (also die dortige Notariatsverfassung) für den Landesgesetzgeber; das **Land** kann sie **nicht ändern**, nur ausgestaltendes Begleitrecht setzen. Der **Bund** konnte und kann dort die **Notariatsverfassung** in seiner Verfasstheit **ändern** – aber nur mit Zustimmung der reservatweise betroffenen Länder. Das liegt daran, dass die konkurrierende Gesetzgebungskompetenz des Bundes seit 1949 kodifikatorisch abschließend durch die Bundesrecht gewordene Reichsnotarordnung[18] ausgefüllt worden war und später durch den Erlass der Bundesnotarordnung. Dadurch war den Reservat-Ländern die Gesetzgebungskompetenz für ihr eigenes Notariat entzogen (abgesehen vom nicht notariatsverfassungsspezifischen Begleitrecht), während der Bund die Änderungsbefugnis mit Zustimmung der Länder wahrnehmen konnte.

Da wundert es nicht, dass die Bundesnotarordnung 1961[19] auch dem Anwaltsnotariat das Transitorische nimmt und die partikularen Besonderheiten respektiert, also fortschreibt, obwohl regionales Bundesrecht eigentlich recht ungewöhnlich ist[20]. Erst Mitte 2009 ist nach manchen Irrungen und Wirrungen[21] der Weg zur Bundeseinheitlichkeit gefunden worden[22]: Mit Zustimmung des Landes Baden-Württemberg werden in Zukunft nur noch Notare zur hauptberuflichen Amtsausübung (§ 3 Abs. 1 BNotO) bestellt. Das Splitting in die beiden Notariatsformen des sog. Nur-Notariats und des Anwaltsnotariats bleibt aber auch jetzt erhalten (was für die Identität des Notaramtes indes unerheblich ist[23]). Das Anwaltsnotariat ist allerdings im Geltungsraum auch nach Maßgabe – allerdings nur – des Bundesgesetzgebungswillens normativ festgeschrieben (§ 3 Abs. 2 BNotO). Nachdem die jetzt nicht mehr so neuen Bundesländer ebenfalls das Nur-Notariat adoptiert haben, ist die Diskussion über die

18 Wegen Art. 125 Abs. 2 GG waren auch die Länderabweichungen vor Erlass des Grundgesetzes Bundesrecht geworden, so dass den Ländern auch in Bezug auf ihr eigenes Recht die Änderungsbefugnis entzogen war (s. BVerfGE 17, 381 (389)).

19 Zur Entstehung der Bundesnotarordnung, s. Hans Christian Schüler, Entstehungsgeschichte der Bundesnotarordnung, 2000; die Parlamentaria sind nachgewiesen bei Bracker, in: Schippel/Bracker, BNotO, 8. Aufl. 2006, Überblick Rn. 7 (S. 3); dort (Rn. 8 ff.) findet sich auch eine Übersicht über die Änderungen der BNotO.

20 Dazu, dass regionales Bundesnotarrecht mit dem Gleichheitssatz vereinbar ist, s. BVerfGE 17, 381 (389).

21 Einen Eindruck davon bis ins Jahr 2000 verschafft Hans Eberhard Sandweg, Überlegungen zur Reform des badischen Notariats, in: Fg. 100 Jahre Badischer Notarverein, 2000, S. 1 (mit Dokumentenanhang S. 17 – 81).

22 S. das Gesetz zur Änd. d. BNotO und anderer Gesetze v. 15. Juli 2009, BGBl. I 1798; s. dazu BR Drs. 930/07 (Gesetzesantrag des Landes Baden-Württemberg zur Änd. der BNotO; BT-Drs. 16/12896 (Bericht des Rechtsausschusses).

23 S. dazu schon Wolfgang Löwer, Der Notar im Spannungsfeld zwischen öffentlichem Amt und freiem Beruf, Notar 3/98 S. 8 (11 f.).

Verteilung der Notariatsformen im Raum der Bundesrepublik wohl zu einem Stillstand gekommen.

Dieses kompetentielle Ergebnis, für das es viele gute Gründe gibt, ist auch klug: Mit Blick auf die Glücksspiel-Entscheidungen des EuGH[24] würde ich formulieren, das Notariat in Deutschland ist insgesamt ein kohärentes System. Kohärente Systeme lassen sich besser verteidigen als inkohärente.

II.

1. Was die Verortung des Notariats in einer Staatsaufgabenlehre betrifft, sagt der Normtext durchaus Belangvolles: Notare sind kraft ihres Amtes Träger vorsorgender Rechtspflege.

Das mag so klingen, als ließen sich die Notariatsaufgaben verfassungsgeboten auf das Grundgesetz zurückführen; auch der Notar wäre dann gewissermaßen verfassungsgeboten. Gut hegelianisch-etatistisch ist dann das Gewordene das Vernünftige, das dann auch noch in die Höhe des Vorrangs der Verfassung entschwebt. Der gerne (auch von mir) gebrauchte Terminus der „Notariatsverfassung" entpuppte sich dann als Subverfassung des Grundgesetzes.

Diese Freude kann ich der Bundesnotarordnung indes nicht machen. Die Staatsaufgabenlehre kennt zwar in der Justizgewährleistungspflicht in der Tat eine ungeschriebene verfassungsnotwendige streitentscheidene Variante als Verfassungsinhalt[25]. Der Gedanke erlaubt indes nicht auch die Schlussfolgerung auch eine vorsorgende, streitvorbeugende Komponente sei Verfassungsgebot. In dieser Richtung argumentiert indes Rupert Scholz[26]. Ein effektiver und funktionsgerechter Rechtsstaat könne sich nicht auf die gerichtliche Streitentscheidung beschränken, er fordere auch die ergänzenden Garantien vorsorgender Rechtspflege. Das folge auch aus der Tradition und sei damit auch im grundgesetzlichen Rechtsstaat „unmittelbar mit angelegt". Vorsorgende Rechtspflege ist mit anderen Worten ebenso wie die Rechtspre-

24 EuGH, v. 8.9.2010, C-316/07 u.a. – Markus Stoß; Rs. C-409/06 – Winner Wetten; Rs. C-46/08 – Carmen Media – C-316/07 u.a.

25 Zur Justizgewährleistungspflicht als ungeschriebenen Verfassungsinhalt s. aus der jüngeren Rspr. BVerfGE 93, 99 (107); 107, 395 (401, 403); 116, 135 (150); 117, 71 (122); unstr. s. nur Eberhard Schmidt-Aßmann, in: Maunz-Dürig, Art. 19 Abs. 4 Rn. 16 ff.

26 Rupert Scholz, Versorgende Rechtspflege im grundgesetzlichen Rechtsstaat, BNotZ 2006, 26 (29).

chung elementarer Bestandteil des grundgesetzlichen Rechtsstaates[27]. Das sei schließlich auch ein Gebot der Grundrechte.

Das ist zwar höchst kunstfertig argumentiert, ist aber gleichwohl eine Rechtsbehauptung, die auf einer normativ nicht ableitbaren Prämisse beruht, dass nämlich zur gerichtlichen Streitschlichtung auch die ergänzende Garantie vorsorgender Rechtspflege hinzutreten *müsse*. Dieses „müssen" behauptet eine Durchsetzungskraft des Rechtschutzprinzips, die aber in der Tat als implizites Gebot friedlicher Streitaustragung *nur* für den richterlichen Streitaustrag garantiert ist. Sicher lässt sich auch noch sagen, dass der Rechtsstaat seinen Bürgern eine funktionierende, rechtssichere die Staatsziele verwirklichende Rechtsordnung bereitstellen muss[28]. Eine weiterreichende obligatorische Staatsaufgabe[29] ‚vorsorgende Rechtspflege' stellt indes eine Verfassungsnormativierung des Vorfindlichen dar.

Von elementaren Ableitungen aus dem Gewaltmonopol des Staates abgesehen, die verfassunginterpretatorisch auch dort angängig sind, wo der Verfassungstext schweigt – Stichwort: Sicherheit als Staatsaufgabe[30] –, gilt der allgemeine Satz, dass Staatsaufgabe das ist, was der Staat gesetzlich als Aufgabe adoptiert (und damit der unreglementierten Freiheit der Bürger entzieht). Eine elaborierte Staatsaufgabenlehre kennt die Verfassung nicht[31].

Lassen sich die Ziele und Zwecke der Aufgabenadaption einem Verfassungsziel oder -wert zuordnen, erweist sich die Aufgabenadaption als ohne weiteres legitimationsfähig; die Verfassung sperrt sich dann der Reglementierung nicht dem Grunde nach. Das gilt auch für die Aufgabe vorsorgender Rechtspflege.

Vorsorgende Rechtspflege ist in diesem Sinne Teil eines (diesmal und hier) recht verstandenen Paternalismus, der erkennt, dass Rechtssicherheit durch Parteien im Rechtsverkehr nicht überall autonom herstellbar ist, weil z.B. ein Gütertransfervorgang besonderer obligatorisch gemachter Sicherungen bedarf.

27 Rupert Scholz, wie Fn. 26.

28 S. Roman Herzog, Ziele, Vorbehalte und Grenzen der Staatstätigkeit, in: Isensee/Kirchhof (Hrsg.), Handbuch des Staatsrechts IV: Aufgaben des Staates, 3. Aufl. 2006, § 72 Rn. 26.

29 Zu den obligatorischen Staatsaufgaben s. Josef Isensee, Staatsaufgaben, in: ders./Kirchhof (Hrsg.), Handbuch des Staatsrechts IV (Fn. 28) § 33 Rn. 29.

30 Z.B. Roman Herzog (Fn. 28). Rn. 39 ff., 43 ff.

31 S. Martin Burgi, Privatisierung, in: Isensee/Kirchhof (Hrsg.) (Fn. 28) § 75 Rn. 2 zum formalen Staatsaufgabenbegriff, dessen Vorzug auch darin liege, „die verfassungsrechtliche Hybris wie Realitätsferne eines materiellen Verständnisses (zu vermeiden), das alle Staatstätigkeit deduktiv aus dem Grundgesetz ableiten wollte."

Man darf in solchen Zusammenhängen an das Diktum von Hermann Oberneck[32] aus dem Jahre 1925 erinnern, dass das Ziel der Einschaltung des Notars die „vollkommene Urkunde" sein muss. Das ist jene Urkunde, die nach Belehrung über mögliche Risiken dem Willen beider Parteien entspricht, nicht gegen zwingendes Recht verstößt und sicherstellt, dass „unerfahrene und rechtlich ungewandte Personen nicht benachteiligt werden".[33]

Der Staat kann sich aber auch in Bezug auf die Rechtssicherheit mit einem bloßen Angebot begnügen, wie es das Recht mit der Anerkennung des eigenhändigen und des notariell errichteten Testaments zu erkennen gibt.

‚Vorsorgende Rechtspflege' ist insofern ein sehr schöner Begriff[34], mit dem der Staat u.a. ankündigt, die Ergebnisse privatautonomer Gestaltung (mit ihren materiell-rechtlichen Grenzen) legitimerweise – und häufig zwangsweise – rechtssicher – im Sinne von: Vermeidung zukünftigen Streits – zu machen.

2. Wie diese gesetzlich adoptierte – aber nicht verfassungsunmittelbare – Staatsaufgabe ausgefüllt werden soll, entscheidet der Gesetzgeber. Natürlich weiß er, dass eine funktionierende Privatrechtsordnung nicht als natürliche Freiheit wie Kunst oder Wissenschaft gedacht werden kann. Art. 14 Abs. 2 Satz 2 GG mit seiner Ankündigung, dass der Inhalt des Eigentums vom Gesetzgeber bestimmt wird oder dass die Berufsfreiheit (Art. 12 Abs. 1 GG) unter einem Regelungsvorbehalt steht, zeigen dies verfassungsunmittelbar. Aber dadurch wird das Grundbuch – bei allem Respekt vor der dahinterstehenden intellektuellen Leistung – noch nicht zum Verfassungsinhalt[35].

In diesem Zusammenhang darf der Staat das Notariat auch derart konzipieren, dass er es an seiner Hoheitsgewalt teilhaben lässt, obwohl es, um die Begriffsbildung von Nicola Preuß zu übernehmen, einem „externen Funktionsträger" anvertraut wird[36]. Das ist, wie die Rechtsfigur der Beleihung oder Inpflichtnahme abgegrenzter Gruppen von Bürgern zur Verfolgung von Staatszwecken (Jagdgenossenschaften, Was-

32 Zu H. Oberneck s. die Hinw. bei Schubert (Fn. 2) S. 226 f.

33 Auf das Zitat weist hin: Eue, Notariat am Scheideweg: Rechtspflege oder Rechtsbesorgungsmarkt, in FS für Schippel, 1996, S. 599 (606).

34 Wenig überzeugend, resp. schwer nachvollziehbar ist die Formulierung von Generalanwalt Pedro Cruz Villalòn (s. dazu unten IV), der in seinem Schlussantrag (s. unten Fn. 66) den Begriff als „etwa unpassend, aber jedoch sehr aussagekräftig" bezeichnet. ‚Unpassend aber aussagekräftig' passt eigentlich nur für Schimpfwörter.

35 S. anders akzentuiert R. Scholz (Fn. 25)S. 29: Art. 14 fordere ein „Registersystem wie das Grundbuch."

36 Nicola Preuß, Zivilrechtspflege durch externe Funktionsträger, 2005, S. 93 ff.

serverbände etc.) in Verbänden unmittelbarer Staatsveraltung zeigen, an sich nichts Ungewöhnliches[37]. Es ist jedenfalls aus der Verfassung nicht erkennbar, dass der Staat Zwischenwege der Organisation der öffentlichen Gewalt durch die Beteiligung Privater nicht gehen dürfte, solange der Funktionsvorbehalt des Art. 33 Abs. 4 GG als Regel eingehalten ist. Schon die Tradition des Notariats – wenn der Befund auch nicht völlig homogen ist – deutet auf eine legitime Regeldurchbrechung[38].

Das öffentliche Amt (dazu sogleich) kann ohne Staatsinkorporation an der Hoheitsgewalt teilhaben. Die Teilhabe erbringt jenen Rechtssicherheitsbeitrag, auf den der Begriff der vorsorgenden Rechtspflege abzielt. Die Hoheitsteilhabe wird greifbar in der Beurkundung[39]. Nur durch die beurkundende Mitwirkung, wenn das Recht sie anordnet, gewinnt der private Wille rechtsändernde Kraft. Die Hoheitsteilnahme äußert sich sichtbar in der Siegelverwendung. Das Amtssiegel nimmt seiner Form nach auf die Landesstaatsgewalt Bezug. Letztlich stellt sich der Staat mit seiner Autorität hinter den Beweiswert der Urkunden, wie die §§ 415 ff. ZPO zeigen.

Ähnlich dem Verwaltungsakt bezeugt die notariell errichtete Urkunde selbst ihre Gültigkeit[40]. Der Notar ist weiter dazu begabt, konstitutiv an der dem Staat vorbehaltenen Kraft teilzuhaben, wenn er die Voraussetzungen für die Vollstreckbarkeit von Rechtstiteln schafft. Die Titelfunktion ist Teil des staatlichen Gewaltmonopols, wie andere Titel (das vollstreckbare Urteil oder der vollstreckbare Verwaltungsakt) zeigen[41]. Der Wortlaut von § 794 Abs. 1 Nr. 5 ZPO ist durchaus signifikant. Die **Zwangsvollstreckung aus der Urkunde** findet statt, wenn sich der Schuldner in einer von einem deutschen Notar innerhalb der Grenzen seiner Amtsbefugnisse in der vorgeschriebenen Form der sofortigen Zwangsvollstreckung **unterworfen** hat. Der Notar erteilt auch die Vollstreckungsklausel (§ 797 Abs. 2 ZPO), ebenfalls ein Hoheitsakt, wie die Parallele zur Urteilsvollstreckung zeigt (§ 797 Abs. 1 ZPO).

37 Zu den vielgestaltigen Formen der Inpflichtnahme Privater s. Isensee (Fn. 29), Rn. 75 f. und Burgi (Fn. 31) Rn. 23.

38 S. zum öffentlichen Amt außerhalb des öffentlichen Dienstes Josef Isensee, Das Amt des Notars. Recht aus vorgrundgesetzlicher Zeit, notar 4/2009 S. 144 (151).

39 S. BVerfGE 73, 280 (294): „die ihrem Wesen nach hoheitliche Beurkundungstätigkeit"; Isensee (Fn. 38), S. 152: Staatauthentizität.

40 S. zum Verwaltungsakt immer noch unübertrefflich Otto Mayer, Deutsches Verwaltungsrecht, Bd. I, 3. Aufl. 1924, S. 95 f., während private Willenserklärungen unwirksam seien, wenn sie nicht ihre Rechtmäßigkeit nachweisen könnten, gelte für den Verwaltungsakt: „Die Obrigkeit aber wenn sie innerhalb ihrer allgemeinen Zuständigkeit bestimmt, bezeugt damit zugleich, dass die besonderen Voraussetzungen für die Gültigkeit des Aktes gegeben sind. Die Selbstbezeugung und damit die Wirksamkeit des Aktes kann nur überwunden werden durch eine stärkere Zuständigkeit." (Hervorhebung im Original).

41 S. etwa R. Herzog (Fn. 28) Rn. 44.

Ich rekurriere deshalb für die Frage nach der verfassungsrechtlichen Verortung des Notariats im Grundgesetz nochmals auf den kaiserlich-preußischen Beamten Kurlbaum: Der Notar bringt in seiner Berufstätigkeit eine nur dem Staat innewohnende Kraft zur Geltung[42].

Die Notariatsaufgaben sind nicht Teil eines grundgesetzlich vorgegebenen Aufgabenkonzeptes „vorsorgende Rechtspflege". Sie ist allerdings legitime Staatsaufgabe, für deren effiziente Durchführung der Staat die Notare – im eigenen Interesse - an seiner dem Grundgesetz vorausliegenden Staatsgewalt partizipieren lässt. Die jetzt untergegangene Notariatsverfassung der Richternotare und der Amtsnotare belegen den Befund[43]. Der Staat könnte die Aufgabe, weil sie eine hoheitliche ist, ohne jede weitere Rechtfertigung durch eigene Amtswalter erledigen lassen, eben weil es um die Ausübung von Staatsgewalt geht. Dieser Begriff der „Gewalt" meint recht verstanden die Befähigung zur einseitigen – also nicht konsensualen – Rechtsänderung, die Kennzeichen der Hoheitlichkeit ist. Daran hat auch der Notar seinen Anteil.

Diese Sicht entspricht auch der des Bundesverfassungsgerichts, das im Hamburger Notarurteil[44] ausgeführt hat, der Notar stehe wegen der von ihm zu erfüllenden Aufgaben vorsorgender Rechtspflege, die *originäre* Staatsaufgaben seien, dem Richter nahe; deshalb werde der Notar in § 1 BNotO als Träger eines öffentlichen Amtes bezeichnet. Die originären Staatsaufgaben werden dahingehend erläutert, dass es um *„Zuständigkeiten gehe, die nach geltender Rechtsordnung hoheitlich ausgestaltet sein müssen."*

III.

1. Ich komme damit zu dem dritten Punkt: Der Gesetzgeber qualifiziert wegen dieser Teilhabe an der Hoheitsfunktion den Notar als Träger eines öffentlichen Amtes. Dabei wird in § 1 BNotO – das ist durchaus bedeutsam – nicht zwischen den hauptberuflichen Berufsinhabern und den Anwaltsnotaren unterschieden. Das ist meines Erachtens hochbedeutsam im Sinne der eben herausgehobenen Kohärenz, weil das Amt, in dem die Funktion wahrgenommen wird, doch zwingend immer dasselbe ist[45].

42 S. dazu oben Fn. 8.
43 S. auch den entsprechenden Hinweis bei Isensee (Fn. 38).
44 S. BVerfGE 73, 280 (294) im Anschluss an BVerfGE 17, 371 (376 ff.); Hervorhebung nur hier, zuletzt mit sorgfältiger Begründung BVerfG(K) ZNotP 2009, 239 Tz. 41.
45 S. schon Löwer (Fn. 23) S. 11 f.

Ich halte es deshalb zwar nicht für fehlerhaft, aber doch für eine unglückliche Sprechweise, wenn das Bundesverfassungsgericht dahingehend formuliert[46], es sei nicht von einem einheitlichen Berufsbild des Notars auszugehen, wenn man den Blick auf das Nur-Notariat und das Anwalts-Notariat richte. Im Blick auf die **Rolle** ist jedenfalls von einem einheitlichen Rollenbild auszugehen[47]. Das bundesrechtliche Versprechen der Leistung vorsorgender Rechtspflege kann doch nicht nach Typen zugelassener Berufsinhaber differenziert angeboten werden. Deshalb halte ich schon die Bezeichnung „Anwaltsnotar“ für fehlerhaft, weil man in der gegebenen Rolle immer nur Anwalt oder Notar ist, aber niemals Anwaltsnotar. (Aber ich gebe zu, dass Nur-Notar auf der einen und Anwalt-oder-Notar auf der anderen Seite auch kein Beitrag zur Fortbildung der deutschen Rechtssprache ist).

Die Bundesnotarordnung verdeutlicht diese Sicht mit ihrer Novelle aus dem Jahr 2009; sie lässt das deutliche Bestreben erkennen, die Qualifikation für das Amt des Notars für beide Notariatstypen durch ein identisches Anforderungsprofil sicherzustellen. Das dürfte ein entscheidender Annäherungsschritt zwischen den beiden verbliebenen Notariatsformen sein[48]. Die Kohärenz ist damit auch hier deutlich größer geworden.

2. Was heißt nun kategorial „Amt“[49] im Zusammenhang der Notartätigkeit?

Das Amt ist eine zentrale staatrechtliche Kategorie, die der Herrschaftsausübung im republikanischen Rechtsstaat[50] zugeordnet ist.

46 BVerfGE 98, 49 (69).

47 S. BVerfGE 17, 371 (380); „Wenn ein Rechtsanwalt zum Notar bestellt wird, tritt er nicht einen anderen, einheitlichen Beruf des Rechtsanwalts-Notars über“; s. auch Michael Bohrer, Das Berufsrecht der Notare, Rn. 15: „einheitliches Amt.“

48 S. die §§ 7a ff. BNotO i.d.F. v. 2.4.2009; die jetzt vorgesehen Prüfung für Rechtsanwälte, die das Notaramt anstreben, dürfte die Amtszugangsvoraussetzung für hauptberufliche Notare und Anwaltsnotare angeglichen haben; s. dazu auch (mit verfassungsrechtlichen Übermaßzweifeln (und richtigem Untertitel)): Klaus Lerch, Nurnotariat und Anwaltsnotariat. Jede Geschichte hat ein Ende, in: Peter Hanau (Hrsg.), Notar als Berufung, Fs. für Zimmermann, 2010, S. 209.

49 Zum „Amt“ als Erscheinungsform republikanischer Herrschaft s. Otto Depenheuer, Das öffentliche Amt, in: Isensee/Kirchhof (Hrsg.), Handbuch des Staatsrechts III: Demokratie – Bundesorgane, 3. Aufl. 2005, § 3, insbes. Rn. 47 ff.; s. Josef Isensee (Fn. 38) S. 145 f.

50 Zum Zusammenhang von Republikprinzip und Amtlichkeit s. Wolfgang Löwer, Aktuelle Gefährdungen des Republikanismus durch den Parteienstaat (Verantwortung und Leistung, Heft 25), 1993, Rolf Gröschner, Die Republik, in: Isensee/Kirchhof (Hrsg.), Handbuch des Staatsrechts II: Verfassungsstaat, 3. Aufl. 2004, § 23, insbes. Rn. 53 ff.

Amt meint:

- Heteronomie statt Autonomie oder Fremdnützigkeit statt Selbstbestimmtheit zum Eigennutz;
- die Grundlagen sind kompetentieller Art, damit unverrückbar und unverzichtbar, also nicht grundrechtlich fundiert;
- es wird Zuständigkeit begründet im Sinne einer Pflicht zur Amtsausübung in Stetigkeit;
- für die Wahrnehmung ist Unparteilichkeit konstituierend;
- es darf nur nach Maßgabe des Gesetzes ausgeübt werden, entzieht sich also einer konsensualen Gestaltung;
- es muss in garantierter Unabhängigkeit gegenüber dem Bürger – ausgeübt werden (- was die Bezahlung betrifft);
- es muss in relativer Unabhängigkeit vom Staat ausgeübt werden können.

Wenn man sich die Berufsverfassung anschaut, sieht man in der Tat, dass ganz wesentliche Elemente der Kategorie des Amtes erfüllt sind.

- Die Ämterordnung ist allein Sache des Staates; das betrifft die Organisation, den limitierten Geschäftskreis und die konkrete Stellenbesetzung, deren Zahl von einem an den Amtserfordernissen ausgerichteten Bedürfnis abhängt.
- Die Ämterbesetzung erfolgt amtstypisch durch Ernennung und nicht etwa durch Vertrag.
- Das Notariat wird der Kategorie der Zuständigkeit unterworfen, wie Amtssitz und Amtsbereich anzeigen.
- Das Notariat ist unverrückbar; es gibt keinen eigentlichen Praxiskauf, weil die Stelle unverfügbar ist.
- Der Notar ist unparteiisch und unabhängig (§ 14 BNotO).
- Dem Amt gemäß ist auch die die spezifische Form und der spezifische Inhalt der eidlichen Bekräftigung[51] der Notarpflichten.

51 Dazu, dass der Eid regelmäßig nicht pflichtbegründend sondern pflichtbekräftigend ist, s. Ernst Friesenhahn, Der politische Eid, Bonn 1928 (= Neudruck Darmstadt Wiss. Buchgesellschaft, 1979).

- Der Notar ist amtierungspflichtig.
- Der Notar unterliegt – für Ämter in der Demokratie essentiell trotz gewährleisteter Unabhängigkeit – hoheitlicher Aufsicht.
- Der Notar hat keinen vertraglichen Vergütungsanspruch, sondern Anspruch auf ein unverzichtbares öffentlich-rechtliches Entgelt.
- Der Notar haftet nach Amtshaftungsgrundsätzen, wegen der Verletzung von Amtspflichten.
- Das Notariat ist stetig (wie eine Behörde) (Vertreterbestellung, Notariatsverwalter etc.).

Die Liste ließe sich noch verfeinern und verlängern – etwa um die sitzungspolizeilichen Befugnisse zur Aufrechterhaltung des Geschäftsbetriebs (§ 8 i.V.m. § 194 Abs. 3 FGG) oder um den Hinweis darauf, dass die errichteten Urkunden widmungsmäßig verstrickt werden, also öffentliche Sachen sind und dass die Urkundsgewalt auf das Staatsgebiet begrenzt ist. Dazu gehört schließlich auch das Staatsgehörigkeitserfordernis des § 5 BNotO und dass die Notarkammern Erscheinungsform mittelbarer Staatsverwaltung sind (Körperschaften des öffentlichen Rechts).

3. Gleichwohl: Der Notar nimmt zwar originäre Staatsaufgaben wahr, er ist aber nicht Staatsorgan, das in den Staat inkorporiert wäre.

Bei der Intensität seiner Bindungen wäre es aber auch unangemessen, ihn als Inhaber eines freien Berufs zu kennzeichnen. Deshalb hat das Bundesverfassungsgericht auch wenn das dem Schrifttum nicht allenthalben gefällt[52], eine Bezeichnung gewählt, die die Rechtslage wenigstens zutreffend *beschreibt*: Der Notar übt einen staatlich gebundenen Beruf aus[53]. Dazu ist festzuhalten: Die Grundlage der Entscheidung zum Amt ist eine Freiheitsentscheidung, die Art. 12 I GG zuzuordnen ist. Die Freiheitsentscheidung erschöpft sich auch nicht in der Entscheidung für den Notarberuf, sie ist wirksam, wo immer es nicht um spezifische Amtsbindungen geht.

52 S. dazu die Nachw. bei Stern/Dietlein, Das Staatsrecht der Bundesrepublik Deutschland, Band IV/1: Die einzelnen Grundrechte, 2006, § 111 III 1 g) S. 1809 ff.) m. umf. Nachw.; zuletzt Isensee (Fn. 38, s. 151 f.: „Keine juristische Klärung leistet die antiquarische Rechtsfigur des staatlichen gebundenen Berufs, die das Bundesverfassungsgericht bemüht, um den Status des Notars zu umzeichnen."

53 Die Rspr. geht zurück auf das Apothekenurteil BVerfGE 7, 377 (397 f.) sodann BVerfGE 16, 6 (22); 17, 371 (377) – Notare; 54, 237 (250) – Notare; 73, 280 (292) – Notare; 73, 301 (315) – Vermessungsingenieure; 100, 304 (321) – Notare – Bewerberauswahl; das Gericht hat die Kritik im Übrigen explizit aufgenommen (was durchaus hervorhebenswert ist, weil es nur selten geschieht), sie aber nicht für hinreichend gewichtig gehalten (s. BVerfGE 73, 2000 (293)).

Die Orientierung an Art. 12 Abs. 1 GG hat gleichwohl nicht zur Folge, dass die Bindungen, wie sie für öffentliche Ämter typusprägand aus Art. 33 GG abgeleitet werden, prinzipielle Legitimationsprobleme hätten, sich gegen den Freiheitsanspruch aus Art. 12 Abs. 1 GG durchzusetzen, Das Bundesverfassungsgericht verdeutlicht dies bereits durch ein definitorisches Merkmal des staatlich gebundenen Berufs. Es müssen öffentliche Aufgaben übertragen werden (was noch keine Klarheit schafft[54]), mit denen Funktionen erfüllt werden, die der Gesetzgeber auch dem eigenen Verwaltungsapparat vorbehalten könnte[55]. Der Staat greift die Aufgabe also als seine auf, überträgt sie aber zur Ausübung auf externe Funktionsträger. Dass dann intensive Bindungen greifen, liegt auf der Hand. Die Orientierung an Art. 12 Abs. 1 GG bedeutet aber, dass die Bindungen sich vor dem grundgesetzlichen Freiheitsanspruch rechtfertigen müssen[56]. Die prätendierten Bindungen müssen für sich so viel amtsprägende Vernunft reklamieren können, dass sie als Freiheitseinschränkung hingenommen werden können.[57]

Wer betriebswirtschaftlich in der Gestaltung seiner Notariatspraxis scheitert, den hat auf diesem Wege seine Autonomie begleitet. Am Ende stellt sich das Amtsrecht quer, weil es einen in Vermögensverfall Geratenen nicht mehr für hinreichend zuverlässig halten kann, was indes besonders sorgfältiger Prüfung bedarf[58].

Natürlich kann ein Notar in berufsrechtlicher Autonomie entscheiden, wann er aufhört, aber amtsrechtlich nicht jenseits von siebzig Jahren (Typisierung der Einzelfallprüfung hinreichender subjektive Eignung überflüssig zu machen)[59].

Die Autonomie erlaubt es, sich im Berufsleben des Volljuristen umzuorientieren hin auf eine Notartätigkeit, aber nicht mehr jenseits des 60. Lebensjahres, weil, wer so

54 Zu den schillernden Begriffen öff. Aufgabe, öff.-rechtl. Aufgabe, öff. Erfüllungsinteressen usw. s. die Übersicht und den Versuch zur Ordnung bei Wolfgang Löwer, Energieversorgung zwischen Staat, Gemeinde und Wirtschaft, 1989, S. 160 ff. sowie Isensee (Fn. 38) S. 252 m. Nachw. spezifisch zur öffentlichen Aufgabe des Notars.

55 BVerfGE 73, 301 (315 f.) sowie oben zu Fn. 43.

56 Das BVerfG hat die Rechtfertigungsbedürftigkeit der Freiheitseinschränkungen stets dadurch hervorgehoben, dass es die Maßstäblichkeit von Art. 12 I GG in den Vordergrund gerückt hat: aus der jüngeren Judikatur BVerfGE 112, 255 (263); 118, 168 (205).

57 BVerfGE 16, 6 (22): „Sonderregelungen“ (für staatlich gebundene Berufe), die die Wirkung des Grundrechts der freien Berufswahl zurückdrängen können, dürfen um so nachhaltiger sein, je mehr der staatlich gebundene Beruf durch öffentlich-rechtliche Bindungen und Auflagen dem Beruf innerhalb eines öffentlich rechtlichen Dienstverhältnisses angenähert ist.“; für den Notar in Bezug genommen in BVerfGE 45, 422 (428), 54, 237 (246); zuletzt BVerfG(K) ZNotP 2009, 239.

58 Zur Pflicht besonderer Sorgfalt in einem solchen Fall BVerfGK 6, 156.

59 S. BVerfG(K) NJW 1993, 1575.

spät anfängt und mit 70 Jahren wieder aufhören muss, kaum Chancen auf die Amortisierung seiner notwendigen Investitionen in die Praxis hat, so dass der wirtschaftliche Druck im Amt so groß ist, dass Unabhängigkeit und Unparteilichkeit nicht gewährleistet sind[60].

Auch die Feinsteuerung von Werbebeschränkungen und Sozietätsverboten[61] müssen sich an Art. 12 Abs. 1 GG messen lassen. Kleinkariertheiten haben freiheitsrechtlich keine Chance auf verfassungsrechtliche und verfassungsgerichtliche Billigung[62].

Im Ergebnis bedeutet dies, dass bei aller Betonung des öffentlichen Amtes keine Inkorporation in ein Sonderstatusverhältnis stattfindet, die den Notar vergleichbar dem Beamten *personal* vereinnahmte.

Der Notar ist aus der Sicht des Staates externer Funktionsträger, dem ein bestimmter Anteil an der Hoheitsgewalt übertragen ist, was höchst intensive amtsprägende Bindungen mit sich bringt. Er bleibt aber Grundrechtsubjekt mit Abwehransprüchen gegen die Überfrachtung seines Berufs mit sachlich nicht gerechtfertigten Bindungstatbeständen.

IV.

1. Damit komme ich zu dem letzten Punkt, einem Ausblick auf das Europäische Gemeinschaftsrecht. Zum Notar darf nur ein deutscher Staatsbürger bestellt werden (§ 5 BNotO)[63]. Dieser Staatsangehörigkeitsvorbehalt entzieht den Beruf des Notars der Niederlassungsfreiheit als Teilaspekt einer europäischen Dienstleistungsfreizügigkeit. Das ist europarechtswidrig, wenn es dafür keine Bereichsausnahme, Rechtfertigung oder primärrechtliche Ausnahme gibt.

Art. 51 AEUV erklärt die Niederlassungsfreiheit für nicht anwendbar, wenn in einem Mitgliedstaat mit einer Tätigkeit die Ausübung öffentlicher Gewalt verbunden ist. Das europäische Sekundärrecht ist etwas uneindeutig. In den Erwägungsgründen der Richtlinie 2005/36/EG über die Anerkennung von Berufsqualifikationen heißt

60 BVerfG(K) 12, 256 (261).
61 S. zuletzt im Anschluss an BVerfGE 98, 48; BVerfG(K), ZNotP 2009, 239 Tz. 43 ff.
62 S. zuletzt BVerfGE 112, 255 (262 ff.); BVerfGK 6, 349 (351 f.).
63 S. dazu aus dem reichhaltigen Schrifttum etwa Karpenstein/Liebach, EuZW 2009, 161 ff.; N. Preuß, ZEuP 2005, 291 (309 ff.); Klaus Stern, in: Notariat in der Verfassung Fs. f. Walter Rudolf, 2001 S. 367 (377); Dauses/Stumpf, Handbuch des Europäischen Wirtschaftsrechts, (Loseblatt), E II Rz. 47; Versteyl, in: von Münch/Kunig, GGK, 5. Aufl. 2003, Art. 138 Rz. 20.

es: „Die RL berührt nicht die Anwendung des Artikels 39 Abs. 4 u. des Art. 45 (heute Art. 51 AEUV) des Vertrages, insbesondere auf Notare". Bei unbefangener Auslegung müsste man dem Erwägungsgrund an sich entnehmen, dass die Richtlinie den Notarberuf in ihren Regelungsrahmen nicht einbezieht. Die Kommission will hingegen aus dem Erwägungsgrund gegenteilige Schlussfolgerungen ziehen.

2. Bekanntlich hat die Kommission Belgien, Frankreich, Luxemburg, Österreich und die Bundesrepublik wegen des Staatsangehörigkeitsvorbehalts vor dem Europäischen Gerichtshof verklagt[64]. Danach verletzt der Staatsangehörigkeitsvorbehalt das Gemeinschaftsrecht. Nun ist aber Art. 51 AEUV richtigerweise als primärrechtliche Tatbestandseinschränkung der Dienstleistungsfreiheit zu verstehen. Liegen die Tatbestandsmerkmale vor, ist die Tätigkeit der Niederlassungsfreiheit entzogen (würde man unbefangen annehmen). Viele Mitstreiter hat die Kommission deshalb nicht gefunden; nur Großbritannien und Nordirland unterstützten die Kommission als Streithelfer[65].

3a) Bisher liegen im Verfahren die Schlussanträge des Generalanwalts Pedro Cruz Villalón vor[66]. Sie beschreiben zunächst im Ganzen zutreffend den deutschen Notarberuf, wenn auch sehr knapp. Der Hoheitsrechtsgehalt der Tätigkeit wird zwar recht pauschal aber im Ganzen zutreffend behandelt[67]. Die zusammenfassende Bewertung überzeugt allerdings nicht: Erstens wird die Rechtsstellung als hybrid gekennzeichnet (Tz. 56): „angesiedelt auf halbem Weg zwischen öffentlicher Verwaltung und freiem Beruf"; die Tätigkeit wird als in ein Amt verwandelte *wirtschaftliche Tätigkeit sui generis* bezeichnet[68].

Man ahnt es: Damit ist der Generalanwalt schon ein gutes Stück zum präsumtiven Ziel der Maßgeblichkeit der Niederlassungsfreiheit weitergekommen. „Hybrid" klingt irgendwie zuordnungsfähig nach allen Seiten und „sui generis" ist „der juristische Offenbarungseid" vor der Unklarheit, der das Feld für viele Ergebnisse öffnet.

Richtig gesehen wird jedenfalls, dass Art. 51 AEUV den Anwendungsbereich der Niederlassungsfreiheit begrenzt. Andererseits, man ahnt auch das: Ausnahmevorschriften sind eng auszulegen (auch eine Methodenregel, die stets situativ für ein-

64 Rs C-47/08 Kommission /Königreich Belgien; C-50/08 (Französische Republik); C-51/08 (Großherzogtum Luxemburg); C-53/08 (Republik Österreich); C-54/08 (Bundesrepublik Deutschland); C-61/08 (Hellenische Republik)

65 S. im Schlussantrag (sogleich Fn. 66) Tz. 64.

66 Schlussantrag des Generalanwalts Pedro Cruz Villalòn in der Res. C-47/08.

67 Schlussanträge (Fn. 66) Tz. 41 – 47 u.a. v. 14.09. 2010.

68 Schlussanträge (Fn. 66); Tz. 56, Hervorhebung nur hier.

setzbar gehalten wird oder auch nicht[69]). Das Ausnahmehafte wird noch betont, wenn der Generalanwalt meint, dass es an sich – was richtig ist – nur eine polare Legitimation[70] (Josef Isensee) des Gemeinwesens gibt: Hier das Reich der Freiheit der Gesellschaft, dort das Reich kompetentieller Gebundenheit des Staates, tertium non datur – und wenn doch, wenn also Hoheitsgewalt in der Hand des Bürgers ist, ist das mindestens aus der Sicht des Gemeinschaftsrechts das „Unerwartete"[71] (aber doch das in Art. 51 AEUV positivrechtlich als rechtliche Realität in den Mitgliedstaaten Angenommene).

Diese auch staatstheoretisch aufbereiteten Überlegungen sind insofern anfechtbar, als sie ein Merkmal in die Normauslegung einführen, das Art. 51 AEUV gar nicht kennt: nämlich die Annahme, es gehe im Amt des Notars um eine Wirtschaftstätigkeit, die in der Hand von Wirtschaftsteilnehmern liege[72].

Der Ausnahmecharakter führt im Weiteren auch dazu, dass der Generalanwalt die Einschränkung des Tatbestandes einer Grundfreiheit durch ein vertraglich definiertes Merkmal („mit der Ausübung öffentlicher Gewalt verbunden") einer Verhältnismäßigkeitsprüfung unterwerfen will (gegen den Vortrag der beklagten Mitgliedstaaten)[73]. Das ist so, füge ich schon kritisch an, als wollte man das Merkmal der „Friedlichkeit" und „Waffenlosigkeit" bei der Versammlungsfreiheit (Art. 8 Abs. 1 GG) einer Verhältnismäßigkeitsprüfung unterwerfen.

b) Richtig ist, dass in den neun Fällen, in denen sich der EuGH mit dem Einwand eines Mitgliedstaates, der Staatsgehörigkeitsvorbehalt sei durch Art. 51 AEUV gedeckt, keinen Erfolg hatte[74]. Das legt dann schon fast den Schluss nahe, so vielleicht hintergründig der Generalanwalt, dass es auch gar keinen rechtfertigungsfähigen Fall geben kann. Die Norm erwiese sich dann allerdings gewissermaßen als Irrtum der Normverfasser bezüglich der Anwendbarkeit der Vorschrift. Sie hätten ein Phänomen geregelt, das es gar nicht gibt!

c) Rechtlich hängt es eigentlich und auch ganz offenbar allein von dem Tatbestandsmerkmal einer „Tätigkeit, die mit öffentlicher Gewalt verbunden" ab, ob Art.

69 Nachw. zur Kritik „an diesen unter Rechtslaien und Studienanfängern verbreiteten Topos" bei Isensee (Fn. 38), S. 153 Fn. 55.

70 Josef Isensee, Grundrechte und Demokratie. Die polare Legitimation im grundgesetzlichen Gemeinwesen, Der Staat 20 (1981) S. 161 ff. sowie im Notariats-Amts-Zusammenhang ders. (Fn. 38), S. 149 f.

71 Schlussantrag (Fn. 66) Tz. 80

72 Schlussantrag (Fn. 66) Tz. 81 u. 82.

73 Schlussantrag (Fn. 66) Tz: 83 ff.

74 Schlussantrag (Fn. 66) Tz. 87 ff. m. Rspr.-Nachw.

51 AEUV eingreift oder nicht, Cruz Villalón reflektiert durchaus beachtlich über den Begriff der öffentlichen Gewalt und erkennt, dass die Einseitigkeit des Staatswillens typusprägend ist: die Fähigkeit, eine Handlung, Vorschrift oder Verhaltensweise mittels der Rechtsordnung dem formalisierten Staatswillen zuzuordnen[75].

Es kommt also darauf an, wie die Beurkundung – als zentrales Element der Notartätigkeit identifiziert[76] – zu würdigen ist. Dass sie nicht abtrennbarer Bestandteil der Tätigkeit ist, wie etwa die Fahrzeugkontrolle durch den TÜV, liegt auf der Hand. Die Notartätigkeit kann im Ergebnis, wie in der Rechtsprechung des Bundesverfassungsgerichts auch völlig geklärt ist, nur insgesamt als hoheitlich typusgeprägt der öffentlichen Gewalt zugewiesen werden[77].

Das Votum des Generalanwalts kann nach so viel Staatstheorie dieses Ergebnis schließlich auch nicht vermeiden. Die Notartätigkeit ist typusgeprägt (und nicht nur in einzelnen Hinsichten) mit der Ausübung öffentlicher Gewalt verbunden. Hätte der Generalanwalt die Kurlbaum'sche Sentenz gekannt[78], wäre das Ergebnis von vornherein klar gewesen. Der Notar-Fall als zehnter Fall des Art. 51 AEUV ist eindeutig als Begrenzung des Tatbestandes der Niederlassungsfreiheit erfasst[79]. Nach dem normierten Willen der vertragschließenden Parteien des AEUV (in Fortsetzung des EWGV und des EGV) ist damit die Berufstätigkeit des Notars von der Niederlassungsfreiheit ausgenommen.

d) Der Generalanwalt ist damit aber, wie in seinem Votum früher angekündigt, nicht am Ende. Es handelt sich um eine Ausnahmevorschrift, die dem, wie Cruz Villalón ganz offensichtlich meint, ubiquitären Grundsatz der Verhältnismäßigkeit des Europäischen Gemeinschaftsrechts unterworfen ist.[80] Dahinter verbirgt sich in der weiteren Argumentation ein Verfahren praktischer Kondordanz, mit dem gefragt wird, welche Wirkungen die Tatbestandseinschränkung denn für welche Zwecke und für andere Verfassungswerte der Gemeinschaft hat, insbesondere für Rechte aus dem Status des Unionsbürgers, der in dieser Sicht hier um wesentliche Grundfreiheitspositionen gebracht werde[81].

75 Schlussantrag (Fn. 66) Tz. 105.
76 Schlussantrag (Fn. 66) Tz. 107 ff.
77 S. dazu oben II 2.
78 S. dazu zu Fn. 7.
79 Schlussantrag (Fn. 66) Tz. 121.
80 Zum Grundsatz der Verhältnismäßigkeit als Schranke der Kompetenzausübung z.B. bei der Harmonisierungskompetenz s. Walter Frenz, Handbuch Europarecht. Band 6: Institutionen und Politiken, 2011, 3526.
81 Die zentrale Aussage im Votum des Generalanwalts (Fn. 66) Tz. 123 lautet: „Es ist daher zu klären, ob die Einbezogenheit des Notarberufs in den „negativen Anwendungsbereich“ der Niederlassungsfreiheit zwingend die Rechtmäßigkeit des Staatangehörigkeitserfordernisses

Das Ergebnis liegt dann einigermaßen auf der Hand: Eine *wirtschaftliche Tätigkeit in hybrider Rechtsstellung*, die an der Hoheitsgewalt teilhat, hat nicht genügend Gewicht, um eine Einschränkung des Tatbestands einer Grundfreiheit zu rechtfertigen, weil das Festhalten am Staatsangehörigkeitserfordernis diskriminiere.

Auch der zehnte Fall scheitert, diesmal nicht an den Tatbestandsmerkmalen, sondern am Grundsatz der Verhältnismäßigkeit.

4. Aus meiner Sicht ist es nicht verwunderlich, dass der EuGH auch acht Monate nach Vorlage des Votums noch nicht entschieden hat[82]. Es fällt nämlich schwer, der Position des Generalanwaltes in seinem - in vieler Hinsicht auch schätzungswerten Votum – zu folgen.

Es negiert nämlich mit dem Rekurs auf die Verhältnismäßigkeit den Willen der vertragsschließenden Parteien: *Sie* entscheiden mit Art. 51 AEUV, dass sie bestimmte Tätigkeiten nicht der europäischen berufsrechtlichen Freizügigkeit unterstellen wollen. Soweit diese Unterstellung historisch überkommen ist, war sie vom Willen der vertragsschließenden Parteien umschlossen. Die Rechtfertigung der Diskriminierung liegt im Primärrecht! Auf die Gründe dafür kommt es überhaupt nicht an, weil es für die vertragliche Einigung (abgesehen von Grundrechten und Staatsstrukturprinzipien, wie Art. 23 Abs. 1 GG zeigt) keine rechtlichen Vorgaben gibt.

Es gilt für die Hohen vertragsschließenden Parteien jedenfalls kein Kohärenzgebot. Die Normen des Primärrechts sind auch nicht unterschiedlich geltungsstark, so dass einzelne Normen nach dem Vorbild des Art. 79 Abs. 3 GG auch nicht Maßstab für andere Normen des Primärrechts sein können. Sie sind überdies beide – die Grundfreiheit wie die tatbestandliche Ausnahme – Teil des ursprünglichen Vertrags. Etwaige Normkonflikte müssen deshalb nach Spezialitätsregeln gelöst werden, nicht

nach sich zieht." Die Prüfung ist unverständlich, wenn die Schlussanträge an anderer Stelle (übrigens auch wenig überzeugend) Art. 45 Abs. 1 EG (= Art. 51 AEUVO) als Stand-still-Klausel deuten (Tz. 82): „Das mutmaßlich richtigste (?) Verständnis des Art. 45 Abs. 1 EG ist, dass der Vertrag bestimmte wirtschaftliche Tätigkeiten außerhalb der Niederlassungsfreiheit belassen wollte, die ausnahmsweise weiterhin eine Verbundenheit mit der politischen Staatsgewalt aufweisen. Natürlich lässt der Vertrag den Staaten volle Freiheit, wirtschaftliche Tätigkeiten dieser Art beizubehalten oder abzuschaffen. Aber soweit die Staaten sie behalten, ordnet er unmittelbar ihren Ausschluss von der Niederlassungsfreiheit an. In diesem Sinne wäre so etwas wie eine fakultative Stand-Still-Klausel zu vermuten." Aber das lateinische Notariat gab es 1957 (bei Erlass des EWGV schon), wäre also von der Stand-Still-Klausel erfasst. Wieso soll sie jetzt kraft Verhältnismäßigkeit wieder in Bewegung gesetzt werden können zu Lasten der vertragsschließenden Parteien (die das Staatsangehörigkeitserfordernis gerade nicht abgeschafft haben)?

82 Die Verkündung des Urteils ist jetzt auf den 24.Mari 2011 terminiert.

nach praktischer Konkordanz. Was der Vertrag der Rechtsstellung des Unionsbürgers explizit nicht zugesteht, wächst ihm nicht kraft Verhältnismäßigkeit zu. Die Normierung des Grundsatzes der Verhältnismäßigkeit in Art. 5 Abs. 4 EGV nimmt den *Gesetzgeber des Sekundärrechts* in Pflicht, doch nicht die Setzung des Primärrechts, also auch nicht dessen Auslegung. Die im Normtext des Art. 5 Abs. 4 EUV angesprochenen „Maßnahmen" sind doch solche der mit dem Vertrag eingesetzten Organe und nicht solche der vertragsschließenden Parteien. Sind diese aber beim primärrechtlichen Vertragsschluss durch die Verhältnismäßigkeit nicht gebunden, gilt sie auch nicht als normative Leitlinie der Auslegung des Vertrages, weil sich Handlungsnormen und Kontrollnormen nicht unterscheiden dürfen: Was der Handelnde als Bindung bei seinem Handeln nicht beachten muss, darf ihm als Pflicht in der Kontrolle auch nicht entgegengehalten werden.

Das methodische Vorgehen setzt sich über die Rechtsgeltungsbedingungen eines völkerrechtlichen Vertrages hinweg. Ich könnte mir denken, ich weiß das nicht, dass der EuGH über diesen Punkt vertieft nachdenkt.

Vielleicht gibt auch das Lissabon-Urteil[83] mit dem Hinweis auf die Legitimation des Vertrages aus dem Willen der Mitgliedstaaten und der Hinweis auf den Identitätsschutz zusätzliche Denkanstöße, weil die Position des Generalanwalts neuerlich die Debatte beleben könnte, ob sich der EuGH – wenn er dem Votum folgt – an die ihm funktionell gezogenen Grenzen hält.

83 BVerfGE 123, 267 Ls. 4.

Aufgabenübertragungen auf den Notar im Lichte der Allgemeinen Privatisierungsdogmatik

Prof. Dr. Martin Burgi*

I. Einführung

Der vorgelegte Tagungsband trägt den Untertitel: „Grundlagen, Grenzen, Ziele". Schon dies gebietet es, gleichsam als „Leitlinie", im Folgenden nicht nur einzelne, konkrete Übertragungsvorhaben zu betrachten. Vielmehr gilt es, ganz allgemein „den" Notar und „das" Notariat im Lichte der Privatisierungsdogmatik zu untersuchen. Damit begeben wir uns auf eine der zahlreichen Bühnen, auf denen gegenwärtig Schaukämpfe des Zeitgeistes ausgetragen werden: Gegen raffgierig-herzlose Markthypertrophie und für hoheitlich betriebene Daseinsvorsorge nebst Rechtskultur einerseits, gegen staatliche Ineffizienz und für private Leistungsträgerschaft andererseits. Es ist mithin ein Schaukampf der Vorurteile, auf den sich die Juristen allerdings nicht einlassen sollten – zumal in über einem Jahrzehnt dank intensiver rechtswissenschaftlicher „Kärrnerarbeit" belastbare, auch praxistaugliche dogmatische Strukturen geschaffen worden sind, auf die vorurteilsfrei zurückgegriffen werden kann.

Richten wir nun den Blick auf die Notare: Welcher Platz ist ihnen eigentlich zugewiesen? Auf der einen Seite sehen sie sich als „Organe der vorsorgenden Rechtspflege"[1] im Abwehrkampf gegen das „entfesselte Marktdenken"[2]. Auf der anderen Seite „arbeiten" die Notare aber auch daran, dass ihnen immer weitere Aufgaben vom Staat und dessen Gerichtsapparat übertragen werden, womit sie dem Grunde nach nichts anderes als eine Aufgabenüberleitung auf Träger eines freien Berufs mit

* Für kompetente Unterstützung bei der Verschriftlichung des Vortrags danke ich Herrn Wiss. Mitarbeiter Jörg Henkel.

1 Vgl. BVerfGE 17, 371 (376); 73, 280 (292). Zu Inhalt und Gegenstand der vorsorgenden Rechtspflege vgl. Bormann/König, Notar 2008, 255 (257); Lerch, in: Arndt/Lerch/Sandkühler, BNotO, 6. Aufl. 2008, § 1 Rn. 4 ff.

2 So die verdienstvollerweise bereits vor der Finanzkrise formulierten Worte meines früheren Konstanzer Zivilrechtslehrers Rolf Stürner (Markt und Wettbewerb über alles?, 2007, S. 273).

in Jahrzehnten erkämpfter grundrechtlicher Schutzbasis aus Art. 12 GG einfordern[3]. Damit ist zu fragen: Sind sie eher (ausschließlich dem Gemeinwohl verpflichtete) Teile der Staatlichkeit oder doch eher Unternehmer (mit Gewinnerzielungsabsicht)[4]? Sind sie eher das Produkt einer Privatisierung oder doch eher ein Bollwerk, das gegen Privatisierungen zu verteidigen wäre? All dies ist „Dilemma" genug, um ein von den dogmatischen Grundsätzen des Öffentlichen Rechts geleitetes Untersuchungsinteresse zu wecken.

Der wesentliche Bezugspunkt der folgenden Betrachtungen soll in der im Handbuch des Staatsrechts[5] und im Gutachten für den 67. Deutschen Juristentag[6] durch den *Verf.* (gleichzeitig als eine Art Notar gegenüber den übrigen, durchaus zahlreichen Beiträgen im Schrifttum) beschriebenen und weiterentwickelten Privatisierungsdogmatik liegen. Diese Aktivitäten waren und sind maßgeblich von dem Bemühen geleitet, die „goldene Mitte" zu finden – dies manifestiert sich insbesondere in den Abstimmungsergebnissen der öffentlich-rechtlichen Abteilung des 67. Deutschen Juristentages von nahezu durchgehend 80 Prozent zu Gunsten der vorgeschlagenen Thesen[7]. Dies dürfte dem Bestreben zu verdanken sein, die rechtssystematische Methode konsequent anzuwenden und „durchzuhalten", und zwar ungeachtet aller (auch von Partikularinteressen geleiteten) Schaukämpfe. All dies erfordert nicht nur begriffliche Klarheit und normative Anknüpfung, sondern auch den Blick auf die Realbereiche. Grundlegend ist ferner die Erkenntnis, dass Großformeln wie „Daseinsvorsorge" und „originäre Staatsaufgabe" nicht als weiterführend anzusehen sind[8].

3 Dabei erfahren sie prominente Unterstützung etwa von Seiten der früheren Justizministerin Niedersachsens, Elisabeth Heister-Neumann, ZRP 2005, 12 (13), bzw. ihres Nachfolgers, Bernd Busemann, DRiZ 2008, 204.

4 Vgl. zu diesem „Wechselspiel" Bormann/König, Notar 2008, 255 (257, 264), mit dem Ergebnis, dass es sich bei den Notaren eben nicht um Private handeln solle. Auch Isensee, Notar 2009, 144 (145), weist zutreffend auf die „Verortungsschwierigkeit" hin.

5 Burgi, in: Isensee/Kirchhof (Hrsg.), HdbStR IV, 3. Aufl. 2006, § 75.

6 Burgi, Privatisierung öffentlicher Aufgaben – Gestaltungsmöglichkeiten, Grenzen, Regelungsbedarf – Gutachten D, in: Ständige Deputation des DJT (Hrsg.), Verhandlungen des 67. DJT, Band I – Gutachten, 2008. Der nachfolgende Beitrag knüpft hieran an und beschränkt sich bei den Anmerkungen auf das Allernotwendigste.

7 Ständige Deputation des DJT (Hrsg.), Verhandlungen des 67. DJT, Band II/2: Sitzungsberichte – Diskussion und Beschlussfassung, 2009, M 75 ff.

8 Vgl. Burgi (Fn. 6), S. 15.

II. Das Notariat, der Staat und die Privatisierungsdogmatik

1. Aktuelle Herausforderungen

Die aktuelle Herausforderungslage lässt sich prägnant in einem Satz bündeln: Während das Notariat in Deutschland permanent Aufwertungen und Aufgabenzuwächse erlebt, sich mithin als „Reformgewinner" herauskristallisiert, ist es auf der Ebene der Europäischen Union in seinen Grundfesten bedroht. Als Beleg für die erstgenannte Einteilung kann der Koalitionsvertrag von CDU, CSU und FDP vom 26. 10. 2009 dienen. Dort heißt es: „Den Ländern soll ermöglicht werden, die Aufgaben der Nachlassgerichte erster Instanz auf die Notare zu übertragen." Darüber hinaus gehen die Vorstellungen einiger ambitionierter Bundesländer, die weitere Aufgabenübertragungen auf dem Gebiet der freiwilligen Gerichtsbarkeit einfordern. Um dies zu ermöglichen, soll sogar die Vorschrift des Art. 33 Abs. 4 GG durch die Einfügung eines Art. 98a GG überwunden werden[9]. Als geeigneter Übertragungsgegenstand erscheint in den einschlägigen Diskussionen ferner immer wieder die Aufgabe der Ehescheidung bei Einvernehmlichkeit. Nicht verschwiegen werden soll, dass teilweise auch Gegenstimmen laut geworden sind[10].

Nichtsdestoweniger ist diese Form der „Bedrohung" eher als marginal im Vergleich zum Potenzial der EU-Ebene, konkret in Gestalt mehrerer Vertragsverletzungsverfahren, anzusehen. Vordergründig steht im Mittelpunkt dieser Verfahren zwar der Staatsangehörigkeitsvorbehalt[11], in Wahrheit geht es aber um mehr, weil das Staatsangehörigkeitserfordernis mit der Konzeption des „Amtes" verknüpft ist (vgl. noch unten IV 1). Schon deshalb müssen auch die bisherigen, das heißt seit jeher wahrgenommenen Aufgaben der Notare in die hiesige Untersuchung mit einbezogen werden.

Wie ist nun die gegenwärtige Prägung des Notariats beschaffen? Normativ durch die BNotO[12], das BeurkundungsG und die DienstO, funktional durch den weiten Begriff der „vorsorgenden Rechtspflege" (vgl. § 1 BNotO). Für die Zwecke dieser Untersuchung ist eine Beschränkung auf die so genannten Pflichtaufgaben im Sinne der §§ 20 bis 22 BNotO[13], ergänzt durch die erwähnten, ggf. künftig übertragenen Aufgaben, ausreichend. All diese Aktivitäten finden entweder im Vorfeld, im Zusammenwirken, im Nachgang oder auch alternativ zur Tätigkeit der Gerichte statt,

9 Vgl. BT-Drs. 16/9022; Zimmermann, ZErbR 2008, 232 f.

10 Stellvertretend Zimmermann, ZErbR 2008, 232 ff.

11 Siehe die Europa-Reporte in der EuZW 2009, 195 bzw. 594.

12 Zu ihren Ursprüngen siehe Lerch (Fn. 1), Einleitung Rn. 15 ff.; Schubert, in: Schmoeckel/Schubert (Hrsg.), Handbuch zur Geschichte des Notariats der europäischen Traditionen, 2009, S. 203 (231 ff.).

13 Zu ihnen Preuß, GPR 2008, 2 (sub V).

und zwar jeweils in gesetzlich determinierten Verhältnissen. Dabei kann unterstellt werden, dass jene Aufgaben nicht der rechtsprechenden Tätigkeit im Sinne von Art. 92 GG[14] unterfallen, also nicht bereits wegen des so genannten Richtervorbehaltes von einer Übertragung auf Notare ausgeschlossen sind[15].

2. Zugang zur Privatisierungsdogmatik

Zunächst ist die Privatisierungsdogmatik – wie jede andere dogmatische Entfaltung auch – ein Gefüge von juristischen Begriffen, Institutionen und Regeln, die als Bestandteil der positiven Rechtsordnung Anerkennung gefunden haben. Die wesentliche Funktion der Dogmatik besteht in der Entlastung der Rechtsanwendung im Einzelfall, in der Rationalisierung der Argumentation und in der Sichtbarmachung etwaiger Regelungsbedarfe oder auch ihres Fehlens[16]. Insgesamt handelt es sich um einen wertvollen „Schatz", gerade der deutschen Rechtswissenschaft.

Welches Portfolio bietet die Privatisierungsdogmatik dem Rechtsanwender und -gestalter? Kurz gefasst ordnet sie einzelne Privatisierungsvorgänge bestimmten Privatisierungstypen zu, weist diesen Maßstäbe und Grenzen zu und knüpft daran das Privatisierungsfolgenrecht, kulminiert in dem Begriff der Gewährleistungsverantwortung. Entwickelt wurde diese Dogmatik beinahe ausschließlich mit Blick auf die Verwaltungsaufgaben, was sowohl mit deren quantitativ überragenden Bedeutung als auch mit der Herkunft ihrer Entwickler begründet werden kann.

Der Zugang zur Privatisierungsdogmatik ist als eher schwierig anzusehen, weil sie nicht über eines oder mehrere Gesetze (und damit auch nicht über Kommentarliteratur) erschließbar ist; die vorhandene Literatur ist zudem oftmals interessengeleitet. Obschon permanent der öffentliche Charakter ebenso wie das Faktum der „Öffentlich-Rechtlichkeit" der vom Notariat wahrgenommenen bzw. wahrzunehmenden Aufgaben beschworen wird, besteht doch merkwürdig wenig Kontaktaufnahme des notarrechtlichen Schrifttums zu den Grundlagen des Öffentlichen Rechts. Ganz ähnlich verhält es sich übrigens im Hinblick auf die Insolvenz- bzw. Zwangsverwalter, die Dolmetscher und die Gerichtssachverständigen[17].

Damit erhebt sich die Frage, ob es sich bei der Privatisierungsdogmatik gleichsam um ein unverbindliches Angebot handelt – wie der Titel des Beitrages „im Lichte der Privatisierungsdogmatik" suggeriert – oder ob das Notariat doch unmittelbar er-

14 Zum Rechtsprechungsbegriff siehe etwa Frohn, Rpfleger 2006, 178 (179 f.); Bormann/König, Notar 2008, 255 (261).

15 Vgl. allg. Schulze-Fielitz, in: Dreier (Hrsg.), GG III, 2. Aufl. 2008, Art. 92 Rn. 33 ff.

16 Besonders prägnant Brohm, VVDStRL 30 (1971), 245 (246); Schmidt-Aßmann, Das allgemeine Verwaltungsrecht als Ordnungsidee, 2. Aufl. 2004, 1. Kap. Rn. 2 ff.

17 Als Versuch eines Brückenschlags: Brinkmann, Private in gerichtlichem Auftrag, 2006.

fasst wird. Konkret mit Blick auf den in Frage kommenden Privatisierungstyp der Beleihung heißt das: Unterfällt der Notar dem Beleihungstatbestand? Wäre dies zu bejahen, so würde dadurch seine Einbeziehung in die Privatisierungsdogmatik ausgelöst. Wäre dies zu verneinen, so müsste konsequenterweise nach einer eigenen Notar-Privatisierungsdogmatik geforscht werden.

3. Problemstruktur (Untersuchungsablauf)

Die Herausarbeitung der Problemstruktur stellt schon für sich genommen eine (grundlegende) Leistung der Privatisierungsdogmatik dar. Naheliegenderweise orientiert sich dieser Beitrag am Aufbau des besagten Gutachtens zum 67. Deutschen Juristentag[18]. Im Ausgangspunkt geht es demnach darum, ob wir es bei der Wahrnehmung von Aufgaben durch den Notar bzw. bei der Delegation weiterer Angelegenheiten auf ihn überhaupt mit einer Erscheinungsform der Privatisierung zu tun haben (III) und ggf., welcher Privatisierungstypus einschlägig ist (IV). Sodann gilt es, die Grenzen und Maßstäbe etwaiger Privatisierungsentscheidungen nachzuzeichnen (V), bevor in einem letzten Schritt das Privatisierungsfolgenrecht – in diesen Kontext fällt dann auch die europarechtliche Thematik des Art. 51 AEUV (Art. 45 EG) – näher entfaltet werden kann (VI).

III. Das Notariat als Produkt einer Arbeitsteilung zwischen Staat und Privaten (= Privatisierung)

Per definitionem bewirkt eine Privatisierung eine Arbeitsteilung zwischen dem Staat und Privaten, und zwar bezüglich derjenigen Aufgaben, an deren Erledigung ein öffentliches Interesse besteht. Mithin findet eine sachbezogene, nicht eine zeitliche, vorgangsbezogene Betrachtung statt; Privatisierungsgegenstand ist dabei eine bestimmte Aufgabe in einem bestimmten Aufgabenfeld[19]. Ein Beispiel: Bei der „Rechtspflege im Erbrecht" handelt es sich um das Aufgabenfeld, bei der Tätigkeit der Nachlassgerichte erster Instanz – laut Koalitionsvereinbarung ein möglicher Übertragungsgegenstand – um eine einzelne, ggf. zu privatisierende Aufgabe. Der Staat begegnet uns im hier relevanten Rahmen in Gestalt der Länder, denen die notariellen Aufgaben anderenfalls obliegen würden (vgl. Art. 83 ff. GG)[20].

18 Vgl. Fn. 6.
19 Vgl. zum Ganzen Burgi (Fn. 5), § 75 Rn. 4.
20 Vgl. auch BVerfGE 17, 371 (379).

Können die Notare im Sinne dieser Definition als „Private", mithin als taugliche Privatisierungsadressaten angesehen werden? Schon dies wird zum Teil bestritten mit dem Argument, dass die Notare in einem Legitimations- und Kontrollverhältnis gegenüber der Landesjustizverwaltung stünden[21]. Für sich genommen ist diese Annahme richtig – allerdings erst *nach* einer Privatisierung. Denkt man die Privatisierung hinweg, so handelt es sich bei den Notaren um „echte" Unternehmer (als Anwalts- oder Nur-Notare mit eigenem Bürobetrieb), die nicht unselbstständig beim Staat beschäftigt sind und deren Wirken aus eigenem Antrieb jedenfalls auch zum Zwecke der Gewinnerzielung erfolgt. Als Berufstätigkeit unterfällt ihr Tun dem Schutzbereich des Art. 12 Abs. 1 GG; nach der Rechtsprechung des Bundesverfassungsgerichts sogar nach einer erfolgten Privatisierung[22], erst recht also davor bzw. ohne sie. Die Hypothese eines staatlichen Charakters der Notare bei gleichzeitig bestehender Grundrechtsträgerschaft erweist sich damit als Fehlschluss, zumal es dem Staat schon wegen Art. 1 Abs. 3 GG verwehrt ist, sich selbst auf die Grundrechte zu berufen[23].

Summa summarum haben wir es bei den Notaren – im Zustand der „Jungfräulichkeit" – mit Privaten zu tun, denen dann durch den Staat Aufgaben übertragen werden, das heißt, mit denen durch den Staat auf der Basis der Freiwilligkeit eine veränderte Arbeitsteilung in Gang gesetzt wird. Damit handelt es sich bei der ersten und bei jeder seit jeher erfolgten ebenso wie bei jeder künftig erfolgenden Aufgabenübertragung um eine Privatisierung. Freilich ist damit noch keine Feststellung zur Einschlägigkeit der Privatisierungsdogmatik getroffen; diese wird vielmehr erst dann ausgelöst, wenn sich der Notar resp. die Aufgabenübertragung auf ihn einer der dort entfalteten Privatisierungstypen zuordnen lässt.

IV. Das Notariat als Erscheinungsform der Beleihung: Zuordnung und Reichweite

Der einzige zur Erfassung des Notariats in Betracht kommende Privatisierungstyp ist die Beleihung. Denn mit der Aufgabenübertragung auf Notare möchte der Staat die betroffenen Aufgaben nicht im materiellen Sinne privatisieren, das heißt aufgeben, und es genügt ihm auch nicht, dass Private lediglich Teilbeiträge mit funktionalem Bezug zu einer unverändert von ihm wahrgenommenen Staatsaufgabe erbringen, wie dies bei der so genannten funktionalen Privatisierung (durch Verwaltungshelfer) der Fall wäre[24]. Das dem Notariat namentlich durch das Bundesverfassungsgericht

21 So Bormann/König, Notar 2008, 255 (257, 264).

22 BVerfGE 17, 371 (379 ff.); 73, 280 (292 ff.); Bormann/König, Notar 2008, 255 (258); Isensee, Notar 2009, 144 (153).

23 Jüngst auch betont von Isensee, Notar 2009, 144 (149).

24 Zu diesen beiden Privatisierungstypen vgl. Burgi (Fn. 6), S. 32 ff.

verliehene Attribut des „staatlich gebundenen Berufs“[25] bezeichnet keinen Privatisierungstyp, sondern ist entwickelt worden, um staatliche Eingriffe zu Lasten der durch Art. 12 Abs. 1 GG geschützten Berufsfreiheit mit der Nähe jener Tätigkeiten zur staatlichen Ämterorganisation rechtfertigen zu können[26]. Die damit zusammenhängenden Fragen gehören nach dem Stand der heutigen Privatisierungsdogmatik zum Privatisierungsfolgerecht (welches zu VI behandelt wird), wobei es unmittelbar einleuchtet, dass Private sich in dem Maße mehr staatliche Einwirkungen auf ihre Berufsausübung gefallen lassen müssen, in dem sie mit der Ausübung der sonst dem Staat vorbehaltenen öffentlich-rechtlichen Befugnisse betraut sind, wie es bei den Notaren (und ganz allgemein bei den Beliehenen) der Fall ist.

Die Zuordnung einzelner Privatisierungsvorgänge zu bestimmten Privatisierungstypen erfolgt schließlich nicht nach Herkommen oder Gewohnheit, sondern danach, ob verschiedene Erscheinungsformen einen vergleichbaren Problemhorizont besitzen, das heißt anhand einiger gemeinsamer Merkmale charakterisiert werden können. Das Gesamtspektrum der vier großen Privatisierungstypen (Aufgabenprivatisierung, funktionale Privatisierung, Organisationsprivatisierung und eben Beleihung) kann heute als Bestandteil des Lehrbuchwissens gelten[27].

1. Begriff und Zuordnung

Ein Beliehener ist ein Privatrechtssubjekt, dem durch oder auf Grund eines Gesetzes die Befugnis verliehen wurde, bestimmte Staatsaufgaben mit den Mitteln des öffentlichen Rechts, also mit Instrumenten, die ansonsten dem Staat vorbehalten sind, wahrzunehmen[28]. Dieser Private wird mithin berechtigt und/oder verpflichtet, unwiderstehliche Rechtswirkungen zu erzeugen; diese können sehr weit verzweigt sein. In der Sprache des Notarrechts: Der Beliehene ist befugt, eine nur dem Staat innewohnende Kraft zur Geltung zu bringen[29]. Typisch ist das Handlungsinstrument des Verwaltungsaktes, die eingeräumten Befugnisse können sich aber auch auf den Erlass von Satzungen, also auf rechtsetzende Tätigkeiten, erstrecken. Auf die Zuordnung keine Auswirkungen hat es, wenn die Begründung einer Staatsaufgabe uno actu, sprich zusammen mit der Befugnisübertragung erfolgt. Das heißt: Durch die Be-

25 BVerfGE 73, 280 (292); kritisch hierzu Bormann/König, Notar 2008, 255 (258 in Fn. 15); Isensee, Notar 2009, 144 (151 f.); Klein, in: Maunz/Dürig, GG, 55. EGL, Mai 2009, Art. 138 Rn. 18.

26 Ausführlicher entfaltet und eingeordnet bei Burgi, Funktionale Privatisierung und Verwaltungshilfe, 1999, S. 422 ff.

27 Vgl. statt vieler Maurer, Allgemeines Verwaltungsrecht, 17. Aufl. 2009, § 23 Rn. 61 ff.

28 Zum Begriff siehe etwa Freitag, Das Beleihungsrechtsverhältnis, 2005, S. 21; Burgi (Fn. 6), S. 41 f., jeweils m.w.N.

29 Vgl. zur Staatsauthentizität Isensee, Notar 2009, 144 (152).

fugnis zur Wahrnehmung einer Staatsaufgabe wird dem Privaten ein öffentliches Amt anvertraut[30]. Was er also in Ausübung dieses Amtes unternimmt, stellt zugleich die Ausübung von Staatsgewalt im Sinne von Art. 20 Abs. 2 GG dar. Sein Handeln ist grundrechtsgebunden und unter demokratischen wie rechtsstaatlichen Aspekten legitimationsbedürftig. Die übertragungsgegenständliche Aufgabe bleibt damit eine Staatsaufgabe[31], was diesen Privatisierungstyp für Bund und Länder attraktiv zu machen vermag.

Mit Blick auf den Notar wird eine Zuordnung zum Beleihungsbegriff teilweise gar nicht erst vorgenommen, teilweise führt sie zu einem verneinenden resp. einem die Relevanz negierenden Ergebnis, wie etwa bei *Preuß*[32] und jüngst auch bei *Bormann/König*[33]. *Preuß* qualifiziert den Notar als „externe Rechtspflegeeinrichtung"[34] – freilich ein zutreffender Begriff. Sie wendet sich gegen die Zuordnung zur Beleihung mit dem Argument, dass das Notariat zahlreiche Besonderheiten aufweise und dass dessen Status viel detaillierter im (speziellen) Notarrecht geregelt sei, als dass der (in der Tat allgemeine) Begriff der Beleihung überhaupt weiterführende Aussagen liefern könne. Auch diese beiden Einschätzungen sind zutreffend, sie vermögen es aber nicht, die Ablehnung der Beleihung zu tragen[35]. Denn zu dem (wie sogleich gezeigt) verfassungsrechtlichen Begriffskern ist jedenfalls eine Zuordnung möglich und im weiteren Umfeld herrscht genügend Flexibilität, um die notarrechtlichen Spezifikationen verarbeiten zu können. Und gerade für die rechtssystematische Beurteilung (v.a.: Umgang mit Art. 33 Abs. 4 GG) kann das Notarrecht selbst naturgemäß keine Anhaltspunkte liefern. Bei nüchterner Betrachtung sind Notare Private (vgl. III), denen durch die Gesetze zahlreiche öffentlich-rechtliche Befugnisse, gebündelt in einem „Amt", übertragen worden sind bzw. künftig übertragen werden sollen – mithin Beliehene! Für die Zuordnung zum Beleihungsbegriff spricht ferner das Fehlen alternativer Optionen; die Charakterisierung als dogmatischer Solitär führte schließlich zur Abkopplung von der allgemeinen Rechtsentwicklung und zur Nicht-Wahrnehmung dort erarbeiteter Lösungsangebote.

30 So zum Notar mit Blick auf § 1 BNotO bereits BVerfGE 17, 371 (376); 73, 280 (292); ferner Bormann/König, Notar 2008, 255 (258).

31 Burgi (Fn. 26), S. 68 f.; Isensee, Notar 2009, 144 (152).

32 Zivilrechtspflege durch externe Funktionsträger, 2005, S. 117 ff., S. 472.

33 Notar 2008, 255 (263).

34 Preuß (Fn. 32), S. 8, S. 93 ff.; dies., GPR 2008, 2 (sub II 3).

35 Zutreffend von der Zuordnung zum Beleihungsbegriff ausgehend Heinz/Ritter, EuZW 2009, 599 (602); Isensee, Notar 2009, 144 (151).

2. Reichweite der dogmatischen Funktion

Der dogmatische Kern des Beleihungsbegriffs liegt, wie bereits angedeutet, im Verfassungsrecht. Er konkretisiert sich in der Grundrechtsbindung (Art. 1 Abs. 3 GG), dem Erfordernis der demokratischen Legitimation (Art. 20 Abs. 2 GG) und des Eingreifens der Amtshaftung (Art. 34 GG; für die Notare: § 19 BNotO) ebenso wie in der Rechtfertigungspflichtigkeit der Übertragung öffentlich-rechtlicher Befugnisse anhand des Funktionsvorbehaltes gemäß Art. 33 Abs. 4 GG (dazu noch sogleich). Jenseits dieses Kerns handelt es sich „lediglich" um einen heuristischen Begriff. Es besteht damit sehr viel Raum zur Berücksichtigung derjenigen Spezifika, die anhand einer konkreten Betrachtung der in Frage stehenden Staatsaufgabe und ihrer Zuordnung zu einer Staatsgewalt, sei es die Verwaltung oder die Rechtsetzung oder eben die vorsorgende Rechtspflege, ausgemacht werden können. Damit erfüllt der Rechtsbegriff der Beleihung eine besondere Brückenfunktion. Er ermöglicht die Fruchtbarmachung der bereits erarbeiteten Erkenntnisse – vom Privatisierungsfolgenrecht bis hin zu den Erkenntnissen, die den Vorarbeiten aus der Perspektive des Europarechts entsprungen sind (dazu noch unten VI 2). Ein Beispiel dafür: Obwohl sich die Herausnahme der Beleihung aus dem Regime der Grundfreiheiten nicht bereits aus ihrem Begriff ergibt, weil dieser „nur" ein verfassungs- und kein europarechtsdogmatischer Begriff ist, hat die Beleihungsdogmatik doch viel Hilfreiches zur Interpretation des Art. 51 AEUV (Art. 45 EG) beigetragen – wovon das Notarwesen nun profitieren kann.

V. Grenzen der Privatisierungsentscheidung

1. Überblick

Im Allgemeinen sind die aufgabenbezogenen von den befugnisbezogenen Grenzen zu unterscheiden. Aufgabenbezogene Grenzen ergeben sich aus Verfassungsaussagen, die den Staat zur Wahrnehmung einer bestimmten öffentlichen Aufgabe verpflichten (so genannte obligatorische Staatsaufgaben[36]). Nun hat das Bundesverfassungsgericht in seinen Entscheidungen zum Notariatswesen festgestellt, dass man es hier mit „originären Staatsaufgaben" zu tun habe[37], und meint damit wohl, dass der Staat zu ihrer Wahrnehmung verpflichtet sei. Ungeklärt ist aber (vgl. dazu den Beitrag von *Löwer* in diesem Band), ob die Wahrnehmungspflicht unmittelbar aus der

36 Zu Begriff und Spektrum ausführlich Isensee, in: ders./Kirchhof (Hrsg.), HdbStR IV, 3. Aufl. 2006, § 73 Rn. 29 f.; Butzer, ebenda, § 74 Rn. 7.

37 BVerfGE 17, 371 (376 ff.); 73, 280 (294).

Verfassung oder aus dem einfachen Recht folgt. Dies ist solange irrelevant, wie der Staat an seinen gesetzlich übernommenen Verpflichtungen festhalten will, was gegenwärtig der Fall ist; dem Staat geht es mit dem Ausbau der Einbeziehung von Notaren ja nicht um eine de lege lata (nicht ohne Weiteres auch de constitutione lata) ausgeschlossene Aufgabenprivatisierung, sondern um den Ausbau der Übertragung öffentlich-rechtlicher Befugnisse bei unverändert fortbestehendem Staatsaufgabencharakter. Das gerade zeichnet den Privatisierungstyp der Beleihung aus. Damit bleibt der Blick auf die einzig in Betracht kommende befugnisbezogene Privatisierungsgrenze: den Funktionsvorbehalt zu Gunsten des Berufsbeamtentums aus Art. 33 Abs. 4 GG. Auf die (vergleichsweise unbestimmten) Auswirkungen des Privatisierungsmaßstabes der „Wirtschaftlichkeit" sei hier nur hingewiesen[38].

2. Die befugnisbezogene Privatisierungsgrenze des Art. 33 Abs. 4 GG

Von seinem Regelungsgehalt her erweist sich Art. 33 Abs. 4 GG u.a. auch als Privatisierungsgrenze[39]. Schon aus praktischen Gründen entfaltet die Vorschrift freilich keine Wirkungen für die bereits seit Jahrzehnten ausgeübten Aufgaben (Wer wollte hier nun plötzlich eine Missachtung des Regel-Ausnahme-Verhältnisses nach Art. 33 Abs. 4 GG konstatieren?), wohl aber für die in der Diskussion stehenden neuen Aufgaben. Ihre Anwendbarkeit ergibt sich daraus, dass die Beleihung mit der Ermächtigung zur „Ausübung hoheitsrechtlicher Befugnisse" verbunden ist.

Auf der Rechtsfolgenseite statuiert Art. 33 Abs. 4 GG schon von seinem Wortlaut her ein Regel-Ausnahme-Verhältnis zu Gunsten einer Wahrnehmung von Staatsaufgaben durch das Berufsbeamtentum[40]. Indem das Grundgesetz dazu verpflichtet, „in der Regel" den in einem besonderen Nähe- und Treuverhältnis zum Staat stehenden Beamten mit der Erledigung von Staatsaufgaben zu betrauen, soll die Kontinuität hoheitlicher Funktionen des Staates gesichert werden[41]; zum Schutz des Bürgers soll die Wahrnehmung dieser Befugnisse in die Hand eines besonders qualifizierten, sachkundigen „Bedienstetentypus" gelegt werden. Entscheidend für die Verfassungskonformität einer Beleihung, sprich für die Beachtung des Regel-Ausnahme-Verhältnisses, ist daher letztlich, inwieweit die betroffene Staatsaufgabe das Aufgabenfeld prägt, dem sie zugehört. Davor müssen freilich legitime Gründe in den Gegebenheiten der betroffenen Staatsaufgabe für die Vornahme der Beleihung vorliegen. Rückt man die sich in der Diskussion befindlichen Aufgaben der freiwilligen Gerichtsbarkeit, konkret das Nachlasswesen, in den Fokus, so dürfte das Schwerge-

38 Ausführlich entfaltet bei Burgi (Fn. 6), S. 84 ff.
39 Bormann/König, Notar 2008, 255 (260).
40 Isensee, Notar 2009, 144 (151); ausführlich Burgi (Fn. 6), S. 59 ff. m.w.N.
41 BVerfGE 88, 103 (114).

wicht der Aufgabenwahrnehmung dort nach wie vor bei den Richtern, Rechtspflegern und Beamten liegen. Die Betrachtung müsste nun Stück für Stück, das heißt Aufgabe für Aufgabe vorgehen, wobei wesentliche Kriterien die Intensität der übertragenen Befugnisse und das Vorliegen eines Sanktionscharakters sind.

Im Hinblick auf die politisch ebenfalls in der Diskussion befindliche Überführung der Gerichtsvollzieher in ein Beleihungssystem hat diese Betrachtung das Ergebnis erbracht, dass die Beleihung statthaft ist, weil die von den Gerichtsvollziehern ausgeübten Tätigkeiten einen zwar wichtigen, aber das Aufgabenfeld der „Durchsetzung der Rechte Privater" nicht insgesamt prägenden Ausschnitt bilden[42]. Bei der (wohlgemerkt je Einzelfall gebotenen) Prüfung des Regel-Ausnahme-Verhältnisses in Anbetracht der Übertragung zusätzlicher Befugnisse auf Notare dürfen m.E. die Wertungen der Art. 74 Abs. 1 Nr. 1 und 138 GG nicht außer Acht gelassen werden. Art. 74 Abs. 1 Nr. 1 GG konstituiert bekanntlich „das Notariat" als Gegenstand der konkurrierenden Gesetzgebung, während Art. 138 GG „Änderungen der Einrichtungen des jetzt bestehenden Notariats" in einigen südlichen Bundesländern „an die Zustimmung der Regierungen dieser Länder knüpft". Beide Vorschriften sind mithin primär kompetenziellen Charakters[43]. Es ist aber allgemein anerkannt, dass unter bestimmten Voraussetzungen auch Vorschriften mit primär kompetenziellem Gehalt zusätzlich (gleichsam sekundär) materielle Gehalte haben können[44]. Indem diese beiden Normen das „Notariat" als einen Gesamtkomplex faktischer und rechtlicher Ausgestaltungen wahrnehmen und damit grundsätzlich legitimieren, erscheint es naheliegend, zu Gunsten der Übertragung öffentlich-rechtlicher Befugnisse auf Angehörige jenes Gebildes, eben des „Notariats", unter erleichterten Voraussetzungen eine „Ausnahme" gegenüber der Wahrnehmung hoheitsrechtlicher Befugnisse durch staatliche Beamte anzunehmen als dies gegenüber beliebigen Privatpersonen (etwa den ggf. künftig mit Gerichtsvollzieheraufgaben Betrauten) der Fall wäre. Gelangte man nach (wie bereits gesagt, an dieser Stelle nicht möglichen) gründlicher Prüfung zu dem Ergebnis, dass letzten Endes kein Verstoß gegen Art. 33 Abs. 4 GG vorliegt, dann bedürfte es auch keiner Änderung des Grundgesetzes[45]. Dem hinter dem Befugnisvorbehalt des Art. 33 Abs. 4 GG stehenden rechtsstaatlich-legitimatorischen Konzept würde mit der Aufnahme einer ja deutlich einzelfallbezogenen Ausnahme-

42 Ausführlicher Scholz, DGVZ 2003, 97 (105 f.); Roth/Karpenstein, ZVE 2004, 444 ff.; Burgi (Fn. 6), S. 63 f.

43 Klein (Fn. 25), Art. 138 Rn. 8 f.; Isensee, Notar 2009, 144 (151).

44 Allg. am Beispiel der Vorschrift des Art. 87 Abs. 1 GG, die primär bestimmte Gegenstände in den Kompetenzbereich der „Bundesverwaltung" überweist, zusätzlich aber u.a. privatisierungsbeschränkende Sekundäraussagen trifft, Burgi, in: v. Mangoldt/Klein/Starck (Hrsg.), GG III, 5. Aufl. 2005, Art. 87 Rn. 28. Zu den bisher anerkannten materiellen Gehalten von Art. 138 GG, die insbesondere die unterschiedlichen Systeme der Notariatsverfassungen legitimieren, vgl. Degenhart, in: Sachs (Hrsg.), GG, 5. Aufl. 2009, Art. 138 Rn. 3

45 So im Ergebnis (allerdings unter Verneinung der Anwendbarkeit von Art. 33 Abs. 4 GG) auch Bormann/König, Notar 2008, 255 (263).

klausel vom Schlage des im Hinblick auf die Gerichtsvollzieher angedachten Art. 98a GG n.F.[46] eher geschadet als mit der Etablierung eines nach Inhalt und Umfang rechtlich durchdrungenen Beleihungskonzepts[47].

VI. Privatisierungsgestaltung: Die staatliche Gewährleistungsverantwortung

Der Begriff der staatlichen Gewährleistungsverantwortung hat sich mittlerweile zur Kennzeichnung des staatlichen Zugriffs nach erfolgter Privatisierung eingebürgert[48]. Er gilt für das gesamte Spektrum der Privatisierungstypen, das heißt für die Aufgabenprivatisierung über die funktionale Privatisierung bis hin zur Beleihung. Eine „Gewährleistungsverantwortung" besteht also nicht nur im Bereich der so genannten Leistungsverwaltung[49]. Unumstritten ist dabei mit Blick auf die Beleihung, dass sich bei ihr das Niveau der Gewährleistungsverantwortung nahezu dem Niveau der Erfüllungsverantwortung annähert.

Was bedeutet Gewährleistungsverantwortung konkret? Das Konzept der Gewährleistungsverantwortung möchte die Vorzüge einer privaten Aufgabenwahrnehmung nutzen, gleichzeitig aber auch diejenigen Gefahren eliminieren oder jedenfalls minimieren, die sich aus dem Umstand des Privatunternehmertums samt seiner legitimen Verdienstinteressen und unweigerlich entstehenden Konkurrenzaspekten ergeben. Die Vorzüge lauten: Zugewinn von Fachkompetenz und Leistungsfähigkeit, die Gefahren lauten: schlechtere Steuerbarkeit, Gewinnorientierung und dadurch gesteigerter Sorge der Verunsachlichung sowie der Verteuerung. Gerade an dieser Stelle setzt dann auch die Kritik an den künftigen Aufgabenübertragungen auf Notare ein. So formuliert etwa *Walter Zimmermann*[50] bezüglich des Nachlasswesens sinngemäß, dass der Notar selbst weniger kritisch gegenüber einem Testament sein könnte, das er beurkundet hat, und ferner, dass er u.U. einen Mandant nicht verprellen würde, der ihm an anderer Stelle – zum Beispiel weil dieser Sparkassendirektor ist – Aufträge hat zukommen lassen.

46 Näher diskutiert bei Burgi (Fn. 6), S. 63 f.

47 Als mustergültig kann insoweit der Entwurf des Bundesrates eines Gesetzes zur Reform des Gerichtsvollzieherwesens vom 11. 05. 2007 (BT-Drs. 16/5727) angesehen werden.

48 Voßkuhle, VVDStRL 62 (2002), 266 (307 ff.); Burgi (Fn. 6), S. 94 ff.; Schoch, Jura 2008, 672 (683); ders., NVwZ 2008, 241 ff.

49 So aber Bormann/König, Notar 2008, 255 (259, 263).

50 ZErbR 2008, 232 (234 f.).

1. Grundlagen, Inhalte, Instrumente

Nach ihrer Definition erfasst die Gewährleistungsverantwortung die Rahmenbedingungen nach einer qua Privatisierung veränderten Arbeitsteilung. Gewährleistet werden müssen die Grundrechtsbindung, die demokratische Legitimation und die Einhaltung der jeweiligen (aufgabenspezifischen) materiellen Gesetze. Zunächst folgen aus der Gewährleistungsverantwortung freilich verschiedene formelle Anforderungen[51]. Im konkreten Kontext erweist sich insoweit die Wahrung von Objektivität als wichtig. Die von *Zimmermann* beschriebenen Gefahren ließen sich also grundsätzlich bewältigen. Ferner dürfte es im Zuge der Übertragung immer weiterer Aufgaben auch zu einem Ausbau der fachlichen Anforderungen kommen, was insbesondere bei den Anwaltsnotaren Schwierigkeiten bereiten könnte.

Das Konzept der Gewährleistungsverantwortung lässt daher viel Raum für Fachspezifika und fachrechtliche Ausgestaltung; an dieser Stelle kann nur der Rahmen skizziert werden. Dabei kann an die von *Preuß*[52] gebildeten drei Kategorien von „Grundpflichten" angeknüpft werden: Die aufgabenbezogenen Pflichten, die verfahrensbezogenen (vertrauenssichernden) Pflichten und schließlich die organisationsbezogenen Pflichten. Von besonderer Wichtigkeit ist bei allen drei Kategorien die Herstellung von Transparenz, das heißt, es muss stets das Ziel sein, die eingeräumten resp. einzuräumenden Befugnisse in Verbindung mit den staatlichen Aufsichtsmöglichkeiten klar festzulegen – nicht nur im Hinblick auf die nationalen Vorgaben, sondern, wie noch zu zeigen sein wird, auch im Hinblick auf das Gemeinschaftsrecht. Der richtige Ort hierfür wäre das (jeweilige) Beleihungsgesetz!

2. Reichweite des Art. 51 AEUV (Art. 45 EG): Wer verfügt über die Regelungskompetenz?

Teile des gegenwärtigen Notarstatusrechts können somit als Ausfluss der staatlichen Gewährleistungsverantwortung angesehen werden[53], namentlich die Konfiguration des Amtes einschließlich der Staatsangehörigkeitsfrage und sonstige Zugangsvor-

51 Ausführlich Burgi (Fn. 6), S. 98 f. m.w.N.
52 (Fn. 32), S. 141 ff.
53 Vgl. Preuß (Fn. 32), S. 491.

aussetzungen[54], aber auch die Kostenregelungen[55] und natürlich vor allem die Regelungen zur „Urkunde" als Hoheitsakt[56].

An dieser Stelle erhebt sich nun die Kompetenzfrage im Verhältnis zwischen der EU und der Bundesrepublik: Kann der deutsche Gesetzgeber „schalten", wie er will (und wie es allein das Verfassungsrecht gebietet), oder handelt es sich bei jeder dieser Regelungen um rechtfertigungspflichtige Beschränkungen der Dienstleistungs- bzw. Niederlassungsfreiheit nach dem Vertrag über die Arbeitsweise der Europäischen Union (AEUV) bzw. nach seinem Vorläufer, dem EG-Vertrag? Schon der Zugang zum Notariat könnte ins Wanken geraten, wenn er als Vorgang einer Beschaffung von Dienstleistungen den grundfreiheitlich begründeten Regeln über die Vergabe von Dienstleistungskonzessionen[57] unterfallen würde. In dieser Situation verspricht wiederum der Blick auf die Privatisierungsdogmatik Aufschluss und (aus Sicht des Notariats deutscher Prägung) auch Hilfe. Denn die Grundfreiheitsbestimmungen wären gar nicht anwendbar, wenn der Ausnahmetatbestand des Art. 51 AEUV (Art. 45 EG) der „Tätigkeiten in Ausübung öffentlicher Gewalt" eingreifen würde – womit sich konkret die Beleihungsdogmatik seit längerem befasst.

Art. 51 AEUV (Art. 45 EG) drückt den Respekt der EU gegenüber der nationalen Souveränität bei besonders staatlich geprägten Dienstleistungen aus[58]. Zunächst ist unumstritten, dass der Begriff der „Tätigkeit in Ausübung öffentlicher Gewalt" ein gemeinschaftsrechtlich vorgegebener und daher gemeinschaftsrechtlich zu interpretierender Begriff ist[59]. Wie allerdings der Wortlaut des Art. 51 AEUV (Art. 45 EG) belegt, hängt das Eingreifen des Ausnahmetatbestandes von einer Entscheidung des Mitgliedstaates ab, bestimmte Tätigkeiten „dauernd oder zeitweise mit der Ausübung öffentlicher Gewalt" zu verbinden. Hinsichtlich der Beurteilung, ob bestimmte Tätigkeiten Ausübung öffentlicher Gewalt sind, muss daher die staats- und verwaltungsrechtliche Dogmatik des jeweiligen Mitgliedstaates miteinbezogen werden. Der EU fehlt die Kompetenz zur Festlegung dessen, was Ausübung von Staatsgewalt ist, nicht zuletzt deswegen, weil die EU selbst gar kein Staat ist[60]. Der Rechtsprechung des EuGH sind mithin die maßgeblichen Kriterien zu entnehmen, während den Mitgliedstaaten die Entscheidung darüber, wann und wo öffentliche Gewalt ausgeübt werden soll, obliegt. Dabei ist eine eher enge Auslegung zugrundezu-

54 Vgl. auch Preuß, GPR 2008, 2 ff.; Isensee, Notar 2009, 144 (153, dort insbesondere in den Fn. 48 und 55); Karpenstein/Liebach, EuZW 2009, 161 ff.; Klein (Fn. 25), Art. 138 Rn. 20; Stettner, in: Dreier (Hrsg.), GG II, 4. Aufl. 2009, Art. 138 Rn. 4 ff.

55 Dazu Preuß, GPR 2008, 2 (sub IV 1 und 3); Klein (Fn. 25), Art. 138 Rn. 21.

56 Dazu Karpenstein/Liebach, EuZW 2009, 161 (162).

57 Vgl. zu diesen Regeln Burgi (Fn. 6), S. 36 f., S. 82 f.

58 EuGH, Rs. 152/73, Slg. 1974, 153 (157); Rs. 149/80, Slg. 1980, 3881.

59 Vgl. statt vieler Müller-Graff, in: Streinz (Hrsg.), EUV/EGV, 2003, Art. 45 EGV Rn. 4; Burgi, NVwZ 2007, 383 (385 ff.).

60 Darauf machen Tiedje/Troberg, in: von der Groeben/Schwarz (Hrsg.), EUV/EGV – Band 1, 6. Aufl. 2003, Art. 45 EGV Rn. 5, aufmerksam.

legen, weil Wirksamkeit und Einheit des Gemeinschaftsrechts auf dem Spiel stehen. Entscheidend ist daher die einzelne Tätigkeit, nicht etwa der Übertragungsakt und auch nicht der mit der Erbringung der Tätigkeit insgesamt verbundene Beruf[61]. Der EuGH sieht diejenigen Tätigkeiten als vom Ausnahmebereich des Art. 51 AEUV (Art. 45 EG) umfasst, die für sich genommen eine „unmittelbare und spezifische Teilnahme an der Ausübung öffentlicher Gewalt" einschließen[62].

Aus der Gesamtbetrachtung seiner Urteile und jedes einzelnen Urteils für sich können zwei Gruppen von Erkenntnissen gewonnen werden: Die Öffnung des Ausnahmetatbestandes für möglich hält der EuGH, wenn die Tätigkeit der Privaten die Ausübung „originärer Zwangsbefugnisse"[63] beinhaltet. Ebenfalls für möglich gehalten hat er die Eröffnung des Ausnahmetatbestandes, wenn die Tätigkeit der Privaten den „Erlass abschließender Entscheidungen"[64] beinhaltet. Ein Beispiel für letztere Gestaltung bildet die einem privaten Sachverständigen übertragene Erteilung von Prüfnachweisen für Kraftfahrzeuge[65]. Hingegen geht der EuGH explizit vom Nicht-Eingreifen des Tatbestandes aus, wenn die in die Erfüllung von Verwaltungsaufgaben einbezogenen Privaten lediglich eine „vorbereitende Rolle und eine Hilfsrolle" im Verhältnis zu den unverändert zur Entscheidung befugten staatlichen Trägern übernehmen[66]. Mehrfach entschieden wurde ferner, dass private Sicherheitsunternehmen, die lediglich einen Beitrag zur Erhaltung der öffentlichen Sicherheit leisten, ohne aber zum Einsatz von Zwangsbefugnissen, welche über die allgemeine Nothilfebefugnis hinausgehen, befugt zu sein und ohne abschließende Entscheidungen treffen zu dürfen, nicht in den Ausnahmetatbestand fallen[67]. Ganz auf dieser Linie

61 Näher zum Ganzen bereits Burgi, JuS 1996, 958 (959 f.); zuletzt Fuchs, ZEuS 2008, 163 ff.

62 EuGH, Urteil vom 21. 06. 1974, Rs. 2/74 („Reyners"), Slg. 1974, 631 (655, Rn. 48 f.); Urteil vom 05. 12. 1981, Rs. C-3/88 („Kommission/Italienische Republik"), Rn. 13, NVwZ 1991, 356; Urteil vom 13. 07. 1993, Rs. C-42/92 („Thijssen"), Slg. 1993, I-4047 (4069, Rn. 8); Urteil vom 29. 08. 1998, Rs. C-114/97 („Kommission/Spanien"), Slg. 1998, I-6717 (6742, Rn. 35); Urteil vom 09. 03. 2000, Rs. C-355/98 („Kommission/Belgien"), Rn. 25; Urteil vom 31. 05. 2001, Rs. C-283/99 („Kommission/Italien"), Slg. 2001, I-4363 (Rn. 19 f.); Urteil vom 30. 03. 2006, Rs. C-451/03 („Giuseppe Calafiori"), Rn. 44 f.; Urteil vom 29. 11. 2007, Rs. C-404/05 („Private Kontrollstellen Landwirtschaft"), Rn. 38 f.; Urteil vom 18. 12. 2007, Rs. C-281/06 („Lehrauftrag an Universität"), EuZW 2008, 152 (Rn. 37).

63 EuGH, Urteil vom 29. 10. 1998 („Kommission/Spanien"), Slg. 1998, I-6717 (6742).

64 EuGH, Urteil vom 13. 07. 1993, Rs. C-42/92 („Thijssen"), Slg. 1993, I-4047 (4073).

65 EuGH, Urteil vom 05. 10. 1994 („van Schaik"), Slg. 1994, I-4837 (4857 f.).

66 EuGH, Urteil vom 05. 12. 1981, Rs. C-3/88 („Kommission/Italienische Republik"), Rn. 13, NVwZ 1991, 356. Das Zitat entstammt dem Schlussantrag des Generalanwalts Colomer vom 28. 06. 2005 in der Rs. „Giuseppe Calafiori" vom 28. 06. 2005, Rn. 54.

67 Diese Entscheidungen sind dokumentiert in Fn. 35 des soeben erwähnten Schlussantrages des Generalanwaltes Colomer. Auf dieser Linie liegt es, dass der EuGH in seinem Urteil vom 12. 07. 2001 („Teatro alla Bicocca"), Rs. C-399/98, VergabeR 2001, 380 (Rn. 73), beiläufig erwähnt, dass allein der Umstand, dass ein „Erschließungsvertrag ... die Ausübung hoheitlicher Gewalt einschließt" der Annahme einer Vertragsbeziehung nicht entgegenstehe; ob Ver-

hat der EuGH in der Entscheidung vom 30. 03. 2006[68] die bloße Betätigung als Steuerberater mit Vorprüfungsarbeiten, die die spätere Arbeit der Finanzbehörden erleichtern, als nicht dem Ausnahmebereich des Art. 51 AEUV (Art. 45 EG) unterfallend qualifiziert. In der Entscheidung vom 29. 11. 2007[69] betreffend die auf einer EG-Verordnung beruhenden privaten Kontrollstellen gegenüber landwirtschaftlichen Erzeugnissen des ökologischen Landbaus schließt der EuGH aus, dass „rein helfende und vorbereitende Aufgaben für eine Einrichtung, die durch den Erlass der abschließenden Entscheidung tatsächlich öffentliche Gewalt ausübt", als Teilnahme an der Ausübung öffentlicher Gewalt im Sinne von Art. 51 AEUV (Art. 45 EG) angesehen werden können.

In der Literatur zu Art. 51 AEUV (Art. 45 EG) wird die Rechtsprechung des EuGH mit diesem Inhalt rezipiert und übereinstimmend festgestellt, dass die bloße Mitwirkung an der Erfüllung von öffentlichen Aufgaben und auch die Tätigkeit als Verwaltungshelfer (nach funktionaler Privatisierung) nicht erfasst sein könne[70]. Ausdrücklich festzustellen ist aber, dass der EuGH eine ganze Reihe von Fragen bislang noch nicht entschieden hat. Die bislang zur Thematik „technische bzw. helfende Rolle Privater" ergangenen Entscheidungen betreffen allesamt nur den Fall, dass die abschließende Entscheidung durch Träger der (unmittelbaren) Staatsverwaltung getroffen worden ist. Bemerkenswert ist ferner, dass lediglich die Entscheidung zu den „Privaten Kontrollstellen in der Landwirtschaft"[71] die Rechtslage in Deutschland betrifft.

Für die Beurteilung der Rechtsfigur der Beleihung bedeutet dies, dass alle mit dem Erlass von Verwaltungsakten zusammenhängenden Tätigkeiten als „Ausübung öffentlicher Gewalt" anzusehen sind. Denn hierbei wird einseitig Recht gestaltet und durchgesetzt. Das gilt gleichermaßen in der so genannten Eingriffsverwaltung wie in der so genannten Leistungsverwaltung (zum Beispiel beim Erlass von Subventionsbescheiden), weil auch dort andere Private negativ betroffen sind und die Entscheidungen akzeptieren müssen[72]. Weil der Verwaltungsakt mit dem Verfahren vor und nach seinem Erlass eine untrennbare Einheit bildet – gerade im noch stärker verfahrensorientierten Verständnis des europäischen Verwaltungsrechts – sind auch die so genannten schlichthoheitlichen Handlungen rund um einen durch den Beliehenen erlassenen Verwaltungsakt in den Ausnahmetatbestand einbezogen (zum Beispiel

tragsbeziehungen über Dienstleistungen nach Art. 51 AEUV (Art. 45 EG) aus dem Grunde des Eingreifens dieser Vorschrift aus dem Vergaberegime herausfallen, ist damit jedenfalls nicht verneint.

68 Rs. C-451/03 („Giuseppe Calafiori"), Rn. 46 f.

69 Rs. C-404/05 („Private Kontrollstellen Landwirtschaft").

70 Dreher, NZBau 2002, 256 f.; Freitag (Fn. 28), S. 122 ff.

71 Fn. 69.

72 Ebenso Wolff/Bachof/Stober, Verwaltungsrecht III, 5. Aufl. 2004, § 90 Rn. 37; Freitag (Fn. 28), S. 124 ff.; Burgi, NVwZ 2007, 383 (387); a.A. Dreher, NZBau 2002, 256 f.

das u.U. in eine Stilllegungsverfügung mündende Messen von Grenzwerten). Lediglich in dem deutlich selteneren Fall, dass ein Beliehener in keiner Weise mit dem Erlass von Verwaltungsakten befasst sein sollte, wäre die Berufung auf Art. 51 AEUV (Art. 45 EG) als nicht rechtssicher anzusehen.

Blickt man nun zurück zu den Notaren, so ist – obschon eine Detailprüfung an dieser Stelle nicht geleistet werden kann – festzustellen, dass jedenfalls der Aufgaben- und Befugnisbereich der §§ 20 bis 22 BNotO vom Ausnahmetatbestand des Art. 51 AEUV (Art. 45 EG) erfasst wird[73]. Denn hier wird, ggf. nach Abschluss einer beratenden Phase, einseitig Recht gestaltet und dessen zwangsweiser Durchsetzung der Weg geebnet. Darin liegt der prägende Kern der Notartätigkeit, alles was darum herum geschieht, ist funktional untrennbar hierauf bezogen. Der bloße Umstand, dass die Notare auf der materiellen Ebene vermehrt mit dem Europarecht befasst sind, macht sie jedenfalls nicht schon zu einer „europäischen öffentlichen Gewalt" – auch nicht in grundrechtlicher Hinsicht[74]. Mit dem gleichen Argument würde übrigens auch die Polizei aus dem Anwendungsbereich des Art. 51 AEUV (Art. 45 EG) herausfallen.

VII. Fazit

Der hier vorgelegte Beitrag versteht sich als Auftakt eines m.E. notwendigen Dialogs, als Einladung zum beratenden Rechtsgespräch, mithin zu etwas, wozu die Notare besonders prädestiniert sind! Mit dem Notariat ist „Staat zu machen" – auch in Europa. Nach einem Zitat des Unternehmenstheoretikers *Dirk Baecker*[75] seien nach der Erfindung des Seelenheils, der Schrift und des Geldes die Ämter und Amtswalter vermutlich eine der bedeutendsten Errungenschaften der menschlichen Gesellschaft. Dies kann nach dem Vorstehenden auch für die Notare gelten!

73 Ebenso im Ergebnis Preuß, GPR 2008, 2 (sub V 4); Karpenstein/Liebach, EuZW 2009, 161 (164); a.A. Heinz/Ritter, EuZW 2009, 599 (602).

74 So aber Heinz/Ritter, EuZW 2009, 599 (600 ff.), die zudem den Vorgang der Beleihung nicht richtig erfassen, indem sie aus ihr gerade ableiten, dass keine „unmittelbaren Eingriffsbefugnisse" übertragen werden dürften (a.a.O., 602).

75 Passim bei Voßkuhle, in: Hoffmann-Riem/Schmidt-Aßmann/Voßkuhle (Hrsg.), Grundlagen des Verwaltungsrechts, Band III, 2009, § 43 Rn. 2.

Zivilrechtspflege außerhalb der Streitentscheidung – verfahrensrechtliche und organisationsrechtliche Grundlagen[1]

Prof. Dr. Nicola Preuß

A. Übertragung und Verlagerung staatlicher Rechtspflege auf Notare

In einer Entscheidung des Bundesverfassungsgerichts aus dem Jahr 1964 heißt es, dass der Notar Aufgaben erfüllt, die der Staat selbst durch seine Behörden erfüllen könnte und müsste, wenn er sie nicht den Notaren übertragen hätte.[2] § 1 BNotO setzt einen Aufgabenbereich der vorsorgenden Rechtspflege voraus, der Notaren als genuin notarieller Tätigkeitsbereich zugewiesen ist. Hinter dem Begriff der vorsorgenden Rechtspflege verbirgt sich ein tradierter Aufgabenkanon, der den Teilbereich der Urkundstätigkeit einschließt. Was aber die Charakteristika dieser vorsorgenden Rechtspflege respektive der Urkundstätigkeit sind, bleibt offen. Die große verbindende Klammer der Notartätigkeiten ist – die Zuständigkeit der Notare, obwohl sich doch im Grunde aus dem Charakter einer Tätigkeit erst die Entscheidung für die Zuständigkeit der Notare ergeben sollte. Aktuelle Fragestellungen geben dabei Anlass, auf der Suche nach der „richtigen Zuständigkeit" des Notars die Grundlagen der Aufgabenübertragung auf Notare näher zu beleuchten.

Erstens stellt sich die Frage nach der Abgrenzung von *staatlicher* Rechtspflege und *privater* Rechtsdienstleistung, die auf dem freien Rechtsdienstleistungsmarkt erbracht wird.[3] Diese Abgrenzung bleibt auch nach der Entscheidung des EuGH zur Europarechtswidrigkeit des Staatsangehörigkeitsvorbehalts[4] von Bedeutung, da der EuGH in dieser Entscheidung klargestellt hat, dass die Rügen, über die zu entscheiden war, weder den Status und die Organisation des Notariats in der deutschen Rechtsordnung noch die Anwendung der Bestimmungen über den freien Dienstleis-

1 Dem Beitrag liegt der Vortrag zugrunde, den die Verfasserin am 13.11.2009 anlässlich der Tagung zur „Aufgabenübertragung auf Notare" an der Heinrich-Heine-Universität Düsseldorf gehalten hat. Die während der Drucklegung ergangene Entscheidung des EuGH vom 24.5.2011 konnte lediglich berücksichtigt, aber an dieser Stelle noch nicht kommentiert werden.

2 BVerfG 17, 371, 379 = NJW 1964, 1516.

3 Hierzu an anderer Stelle: Preuß, GPR 2008, 2 ff. m.w.N. sowie DNotZ 2008, 258, 261.

4 EuGH, Urt. v. 24.5.2011 C-54/08.

tungsverkehr betrafen, so dass für diese ausgeklammerten Probleme weiter die Frage gestellt werden muss, wie sich das Notarverfassungsrecht zu den Grundfreiheiten verhält. Um Missverständnissen vorzubeugen: Der Begriff „Rechtspflege“ kann auch in einem weiteren, nicht auf Rechtspflegeverfahren beschränkten Sinne gebraucht werden und wird häufig auch in diesem Sinne gebraucht, nicht zuletzt in § 1 BRAO (Rechtsanwalt als „Organ der Rechtspflege“). Wenn im Folgenden staatliche Rechts“pflege“, d.h. staatliche Rechtpflegeverfahren, der Rechts“dienstleistung“ i.S. der europäischen Grundfreiheiten gegenübergestellt werden, so soll diese Unterscheidung nicht die Bedeutung des Rechtsanwalts für die Rechtspflege relativieren. Um staatliche Rechtspflege von der privaten Rechtspflege durch den Rechtsanwalt abzugrenzen, bietet sich jedoch die begriffliche Unterscheidung zwischen „Rechtspflege“ einerseits und „Rechtsdienstleistung“ andererseits an. Der Begriff „Rechtsdienstleistung“ kennzeichnet zudem besser, dass es sich um Tätigkeiten handelt, die auf einem Rechtsdienstleistungsmarkt erbracht werden, auf dem Wettbewerb herrscht. Das ist bei staatlicher Rechtspflege nicht der Fall.

Gegenstand des zweiten Fragenkomplexes ist die zukünftige Positionierung des Notars im Rechtspflegebereich. Im Zentrum des aktuellen Interesses steht dabei die Verlagerung gerichtlicher Aufgaben auf den Notar, wie sie mit den Gesetzesanträgen der Länder Baden-Württemberg und Sachsen[5] sowie Bayern, Berlin, Hessen, Niedersachen und Sachsen-Anhalt[6] angestrebt wurde.

Drittens steht eine möglicherweise verbesserungswürdige Strukturierung der Aufgabenverteilung zwischen Gerichten und Notaren in Frage. So hat beispielsweise *Scholz* in seinem Eröffnungsvortrag zum 27. Deutschen Notartag 2007 für ein grundlegendes Gesamtkonzept geworben, das die Gesamtheit von Justiz und vorsorgender Rechtspflege systemgerecht fortbildet, ausbaut und nach der Gesamteffizienz für den rechtsuchenden Bürger fragt.[7]

Es ergeben sich somit drei Grundsatzfragen, die im Folgenden näher erörtert werden sollen.

1. Was ist Zivilrechtspflege und wo ist der Bereich der Zivilrechtspflege innerhalb der staatlichen Gewaltverteilung, oder vielleicht besser „Funktionenverteilung“, zu verorten?

2. Betreiben Notare in ihrem Kerngeschäft Zivilrechtspflege oder handelt es sich bei der Notartätigkeit nicht vielmehr um Rechtsdienstleistung? Dabei geht es nicht ausschließlich um die europarechtliche Absicherung, die Aufgabenzuweisung an Notare und die organisationsrechtlichen Grundlagen

5 BR-Drucks. 67/10.
6 BR-Drucks. 45/10.
7 Scholz, Sonderheft DNotZ 2007, 26*, 32*.

der Notartätigkeit durch mitgliedstaatliches Recht autonom regeln zu dürfen. Ohne die Standortbestimmung, welche Funktion dem Notar in der deutschen Rechtsordnung beigemessen wird, kann nicht systemgerecht in die Zukunft hinein geplant werden, welche Aufgaben der Notar künftig übernehmen soll.

3. Die BNotO definiert den Notar als unabhängigen Träger eines öffentlichen Amtes, der für Aufgaben auf dem Gebiete der vorsorgenden Rechtspflege bestellt wird, und bindet ihn in ein strenges Organisationsrecht ein. Welcher Status kommt dem Notar aber im Gefüge staatlicher Aufgabenverteilung zu? Gerade im Hinblick auf die Übertragung von Aufgaben, die womöglich nicht genuin als „Aufgaben auf dem Gebiete der vorsorgenden Rechtspflege" qualifiziert werden können, ist es von nicht zu unterschätzender Bedeutung, sich darüber im Klaren zu sein, auf wen diese Aufgaben übertragen werden sollen.

B. Grundlagen der Zivilrechtspflege durch Notare

Aufgabenübertragung auf Notare wird verstanden als Übertragung staatlicher Zivilrechtspflege auf Notare. Was ist aber überhaupt Zivilrechtspflege?

I. Zivilrechtspflege als Teilbereich der Ziviljustiz

1. Zum Begriff der „Rechtspflege"

Der Begriff „Rechtspflege" wird, wie bereits angemerkt, häufig in einem weiten Sinne verwandt, der insbesondere auch die Tätigkeit des Rechtsanwalts einschließt. Im Gerichtsverfassungsrecht werden die Aufgaben des Rechtsanwalts als Rechtspflege verstanden, und zwar sowohl die Mitwirkung des Rechtsanwalts in gerichtlichen Verfahren als auch die Tätigkeit des Rechtsanwalts im außergerichtlichen, „vorsorgenden Bereich".

Schilken betont in seinem Standardwerk zum Gerichtsverfassungsrecht, dass die Aufgabenerfüllung des Rechtsanwalts „der Sicherung einer geordneten Rechtspflege zum Zwecke der effektiven Verwirklichung des Rechtsstaatsprinzips diene". Gerade auch im außergerichtlichen, vorsorgenden Bereich komme dieser Funktion „besondere Bedeutung zu, weil der Rechtsanwalt dort das zentrale zur Pflege des Rechts berufene Organ" sei.[8] Zur Beratung durch den Rechtsanwalt heißt es weiter wörtlich: „Sie (scil. die anwaltliche Beratung) fördert auch die objektive Rechtspflege im Ganzen, d.h. aber vor allem die Verwirklichung materieller Gerechtigkeit als Grundlage eines funktionierenden Staats- und Gesellschaftssystems".

In dieser treffenden Beschreibung der Funktion des Rechtsanwalts als Organ der Rechtspflege können sich Notare ebenfalls wiederfinden. Vor diesem Hintergrund stellt sich die Frage, worin genau der Unterschied zwischen anwaltlicher Rechtspflege einerseits und notarieller Rechtspflege andererseits liegen soll. *Ein* Unterschied liegt auf der Hand. Der Notar hat die Befugnis, öffentliche Urkunden zu errichten. Er ist damit mit einem typischen hoheitlichen Instrument ausgestattet. Die Beleihung mit Urkundsgewalt allein besagt jedoch noch nicht, dass der Notar ein Organ der staatlichen Rechtspflege, sogar ein Funktionsträger der Justiz ist. Hierzu bedarf es vielmehr einer organisatorischen Zuweisung der Notartätigkeit zum Funktionsbereich der Justiz.

a) Organisatorische Zuweisung zum Funktionsbereich der Justiz

Bezogen auf Staatstätigkeiten findet sich der Begriff der „Rechtspflege", wenn die Tätigkeitsbereiche der zweiten und der dritten Gewalt voneinander abgegrenzt werden sollen. Der rechtsprechenden Gewalt werden dabei innerhalb der staatlichen Aufgabenverteilung zwischen Justiz und Verwaltung neben der reinen Rechtsprechungstätigkeit auch Tätigkeiten zugewiesen, die, weil sie nicht genuin Rechtsprechung im Sinne von Streitentscheidung sind, als Rechtspflege bezeichnet werden.[9] Rechtsprechung in diesem weiten, formellen Sinne sind alle Tätigkeiten, die den Gerichten zur Aufgabenerledigung übertragen wurden. Im Sinne der Aufgabenverteilung unter den drei Gewalten ist also auch „Rechtspflege" im weiteren Sinne „Rechtsprechung".[10] Es gibt einen anerkannten Bereich staatlicher Rechtspflege, der der Justiz zur Erledigung überwiesen ist, obwohl es sich nicht um Streitentscheidung handelt.

Ob diese Zuordnung materiell legitimiert werden kann, ist im Hinblick auf zahlreiche Verfahren der sog. freiwilligen Gerichtsbarkeit umstritten, zumal Rechtspflegeverfahren, die nicht im Zusammenhang mit Streitentscheidung, Streitbeilegung oder Streitbereinigung stehen, durchaus eher verwaltenden als rechtsprechenden Charakter haben.[11] Das Registerrecht kann hier als markantes Beispiel dienen. Die

8 Schilken, Gerichtsverfassungsrecht, 4. Aufl. 2007, Rdn. 588.
9 Schilken, Gerichtsverfassungsrecht, Rdn. 47.
10 Schilken, Gerichtsverfassungsrecht, Rdn. 47.
11 Vgl. zum Begriff der freiwilligen Gerichtsbarkeit etwa Habscheid, Freiwillige Gerichtsbarkeit, 7. Aufl. 1983, § 5, S. 26 ff.; MüKo-ZPO/Pabst, Band 4, 2010, § 1 FamFG Rdn. 10 ff.;

Abgrenzung spielt insbesondere bei der Bestimmung des Umfangs der Rechtsweggarantie des Art. 19 IV GG[12] sowie des Richtermonopols nach Art. 92 GG eine Rolle.

Brisant wird eine Kategorisierung in Rechtsprechungssachen einerseits und Verwaltungssachen andererseits, wenn sie dazu dienen sollte, Verwaltungssachen der Freiwilligen Gerichtsbarkeit organisatorisch aus dem Funktionsbereich der Justiz herauszunehmen, obwohl sie, wie *Habscheid* formuliert hat[13], „kraft Herkommens" zur Justiztätigkeit zählen. In diesem Zusammenhang ist darauf hinzuweisen, dass in der Gewaltenteilungsdogmatik durchaus das Gebot der Effizienz einer Funktionenzuweisung Berücksichtigung findet. Zur Sicherstellung sachgemäßer Aufgabenerfüllung soll das Organ eine Aufgabe übernehmen, das von seiner Ausstattung (rechtlicher Status, spezifische Handlungsmöglichkeiten, Arbeitsweisen usw.) am geeignetsten erscheint.[14]

Letztendlich kann es deshalb für die Zuordnung einer Rechtspflegeangelegenheit zur Ziviljustiz genügen, dass diese Angelegenheit organisatorisch als Maßnahme der „Rechtsprechung" ausgestaltet ist, indem sie der Justiz zur Erledigung übertragen wurde.[15] Mit diesem formalen Ansatz wird im Übrigen das Richtermonopol des Art. 92 GG nicht entwertet. Wenn Art. 92 GG die rechtsprechende Gewalt in die Hand des Richters legt und damit sowohl Private als auch nichtrichterliche Organe ausschließt, so korrespondiert dieses Richtermonopol mit dem Rechtsprechungsmonopol des Staats. Hiervon zu unterscheiden ist die organisatorische Zuordnung eines Aufgabengebiets zur Justiz, die schließlich nicht zwangsläufig bedeutet, dass die Aufgabe von einem Richter i.S.d. DRiG zu erledigen ist und nicht auf den Rechtspfleger übertragen werden darf.[16]

b) Begrenzung durch das Rechtsprechungsmonopol

Eine Übertragung justizieller Aufgaben auf nichtrichterliche Organe wird durch das Rechtsprechungsmonopol begrenzt. Das Rechtsprechungsmonopol umfasst zum einen das Monopol des letzten Wortes. Monopol des letzten Wortes bedeutet, dass dem Bürger gegen die Entscheidung rechtlicher Fragen durch ein nichtrichterliches

Keidel/Sternal, Familienverfahren, Freiwillige Gerichtsbarkeit, 16. Aufl. 2009, § 1 FamFG Rdn. 10 ff jeweils m.w.N.

12 Vgl. Voßkuhle, Rechtsschutz gegen den Richter, 1993, S. 33 ff.

13 Habscheid, Freiwillige Gerichtsbarkeit § 5 II 4., S. 30.

14 Voßkuhle, Rechtsschutz gegen den Richter, S. 47; vgl. auch Hesse, Grundzüge des Verfassungsrechts, 20. Aufl. 1999, Rdn. 488 ff.

15 Schilken, Gerichtsverfassungsrecht, Rdn. 65; siehe auch zur Präferenz des formellen Begriffs der freiwilligen Gerichtsbarkeit: MüKo-ZPO/Pabst, § 1 FamFG Rdn. 8.

16 Grundlegend hierzu Wolf, ZZP 99, 361 ff.

Organ die Möglichkeit der Überprüfung durch ein Gericht gegeben werden muss, wobei die Entscheidung des Gerichts von anderen Staatsorganen nicht mehr aufgehoben werden kann.[17]

In bestimmten Fällen steht der Rechtsprechung darüber hinaus ein Monopol des ersten Wortes zu, so dass über die Angelegenheit immer zuerst und – wegen des Monopols des letzten Wortes – auch zuletzt ein Gericht entscheidet.[18] Von Verfassungs wegen bedürfen in diesem Sinne beispielsweise Durchsuchungsanordnungen (Art. 13 Abs. 2 GG) einer richterlichen Entscheidung. Aber auch ohne eine unmittelbar in der Verfassung enthaltene Anordnung kommt eine zwingende richterliche Erstkompetenz in Betracht. Das Monopol des ersten Wortes kann, einem Ansatz von *Manfred Wolf* folgend, dann anerkannt werden, wenn wegen der Schutzwürdigkeit der Rechte Entscheidungen mit geringeren Richtigkeitsgarantien und die verspätete Anrufung des Richters vermieden werden müssen.[19]

2. Zivilverfahren unter der Verfahrenshoheit der Organe der Justiz

Bisher konnte festgehalten werden, dass es einen Bereich staatlicher Zivilrechtspflege gibt, der der Justiz zur Erledigung überwiesen ist. Streitentscheidung macht einen wesentlichen Teil der Justiztätigkeit aus; Justiztätigkeit erschöpft sich aber nicht in der Streitentscheidung. Als Abgrenzungskriterium für die Aufgabenverteilung in organisatorischer Hinsicht dient lediglich die formelle Zuordnung einer Aufgabe zur Justiz.

a) Zivilrechtspflege durch Zivilverfahren

Form ohne Inhalt ist wenig befriedigend. Insofern stellt sich die Frage, welche Merkmale die „Rechtsprechungssachen kraft Herkommens“ charakterisieren. Das äußerlich erkennbare Kennzeichen der staatlichen Zivilrechtspflege ist die Durchführungsform, das Verfahren. Oder anders ausgedrückt: Staatliche Zivilrechtspflege definiert sich gewissermaßen als „Durchführung von Zivilverfahren“. Mit der verbindlich vorgesehenen Rechtskontrolle in einem Lebensbereich wird ein Verfahrensziel verfolgt, das auch im überindividuellen Interesse liegt. Die Durchführung

17 Schilken, Gerichtsverfassungsrecht, § 3 Rdn. 34; Wolf, Gerichtsverfassungsrecht, 6. Aufl. 1987, § 2V. 2, S. 30; ders., ZZP 99, 361, 383 f.

18 Schilken, Gerichtsverfassungsrecht, § 3 Rdn. 35; Wolf, Gerichtsverfassungsrecht, § 2 V. 2., S. 30; ders., ZZP 99, 361, 384 f.

19 Wolf, Gerichtsverfassungsrecht, § 2 V. 2., S. 30; ders., ZZP 99, 361, 388, 390 ff. (zur richterlichen Erstkompetenz bei Rechtspflegeaufgaben).

staatlicher Zivilverfahren orientiert sich zudem an einer – mehr oder weniger ausgeprägten – Verfahrensordnung. Der Beteiligte eines Zivilverfahrens unterwirft sich der verfahrensförmlichen Durchführung, was eigene Dispositionsmöglichkeiten des Verfahrensbeteiligten selbstverständlich nicht ausschließt.

Die Durchsetzung der Verfahrensziele und die Anwendung der Verfahrensordnung stellen sich für den einzelnen Verfahrensbeteiligten, und darin liegt ein gravierender Unterschied zur Rechtsdienstleistung, als Ausübung staatlichen Zwangs dar, und sei es nur des Zwangs zu spezifischer Formalität im Interesse der Rechtssicherheit. Dieses autoritative Element des Verfahrens entfällt im Übrigen auch dann nicht, wenn die Einleitung eines Verfahrens der Disposition der Beteiligten unterliegt. Der Einzelne kann sich der Durchführung des Verfahrens zwar entziehen, indem er von seinem Initiativrecht schlicht keinen Gebrauch macht, muss damit aber auch auf das Ergebnis des Prozesses verzichten.[20]

Die konkreten Gegenstände der Zivilverfahren sind überaus heterogen; sie umfassen Streitentscheidung und Ausübung von Vollstreckungsgewalt, Rechtsfürsorge durch Überwachung privater Gewaltverhältnisse und Sicherung privater Rechtsgüter, sie umfassen auch Konfliktbereinigung und Konfliktvermeidung. Den Verfahren ist gemeinsam, dass in der Durchführung eines Verfahrens Rechtskontrolle stattfindet. Als übergreifender Gesichtspunkt kann in diesem Sinne festgehalten werden, dass Rechtspflegeverfahren im weitesten Sinne eine Kontrollfunktion haben. Staatliche Rechtskontrolle im Sinne der Prüfung, dass Vorschriften eingehalten wurden, findet selbstverständlich nicht nur in Rechtspflegeverfahren statt. Das Verfahren der Zivilrechtspflege kontrolliert aber gewissermaßen das Privatrecht als solches. Gegenstände der Zivilrechtspflege sind die Entscheidung von bürgerlichen *Rechts*streitigkeiten, die Gestaltung von *Rechts*beziehungen, der *rechtliche* Status einer Person oder Sache usw.

b) Zuordnung zur Justiz

Vor dem Hintergrund der spezifischen Kontrollfunktion der Zivilverfahren erschließt sich auch, weshalb die formelle Zuordnung der „Rechtsprechungssachen kraft Herkommens" zum Tätigkeitsbereich der Justiz sachgerecht, zumindest in Teilbereichen sogar sachlich geboten ist, sodass sich eine Überführung in die Verwaltung verböte.

Zum einen ist noch einmal auf den Effizienzgedanken der Gewaltenteilungsdogmatik zu verweisen. Die Aufgaben sollen so verteilt werden, dass das nach Status, Struktur, Handlungsformen etc. am besten geeignete Organ hiermit betraut wird.

20 Preuß, Zivilrechtspflege durch externe Funktionsträger, S. 7 f.

Zum anderen kann im Anschluss an *Manfred Wolf* die Besonderheit richterlicher Kontrolle, die Rechtsprechung von anderen Staatstätigkeiten unterscheidet, im Wesentlichen in den spezifischen Richtigkeitsgarantien gesehen werden, der Bindung an Recht und Gesetz, der Sicherung des rechtlichen Gehörs und – als Abgrenzungskriterium zur Verwaltung – der spezifischen Unabhängigkeit und Neutralität des Richters.[21] Diese Merkmale der Rechtspflege durch die Gerichte sind ebenfalls beachtlich, wenn nicht der Begriff der Rechtsprechung im materiellen Sinne konturiert werden soll, sondern lediglich nach einer sachlichen Rechtfertigung für die formelle Zuordnung der Zivilrechtspflege zum Aufgabenbereich der Justiz gesucht wird. Ist die Rechtskontrolle durch einen Funktionsträger der Justiz angeordnet, dann sollen damit spezifische Richtigkeitsgarantien gewährleistet sein, nämlich die Bindung an Recht und Gesetz, die Sicherung des rechtlichen Gehörs und – als Abgrenzungskriterium zur Verwaltung – die spezifische Unabhängigkeit und Neutralität des Funktionsträgers der Justiz. Der Unterschied zwischen der Richtigkeitsgarantie richterlichen Handelns und der Richtigkeitsgarantie des Handelns anderer Funktionsträger der Justiz (Rechtspfleger, Notare) liegt allein darin, dass die institutionelle Richtigkeitsgarantie des richterlichen Handelns verfassungsrechtlich abgesichert ist.[22]

Diese Verbindung zwischen besonderen Richtigkeitsgarantien und der verbindlichen Rechtskontrolle durch den Funktionsträger der Justiz muss im Übrigen nicht statisch verstanden werden. Entscheidend erscheint vielmehr eine Wechselwirkung. Die Rechtskontrolle durch ein an Recht und Gesetz gebundenes, unabhängiges und institutionell neutrales, staatliches Organ der Rechtspflege ist angeordnet, um die besondere Richtigkeitsgewähr der Prüfung durch dieses Organ zu gewährleisten. Umgekehrt hat das Organ der Rechtspflege, das für diese Art der Rechtskontrolle eingesetzt wird, die Kriterien zu erfüllen, aus denen diese spezifische Richtigkeitsgarantie abgeleitet wird, muss an Recht und Gesetz gebunden sein, rechtliches Gehör gewähren, institutionell neutral und unabhängig von der Verwaltung sein. Akzeptiert man eine solche Wechselwirkung, ist die Zuordnung notarieller Rechtspflege zum Funktionsbereich der Justiz die systematische Folge. Eine Grenze der Aufgabenverlagerung bildete nur das Rechtsprechungsmonopol, das für bestimmte Akte eine richterliche Erstkompetenz verlangt.

21 Wolf, Gerichtsverfassungsrecht, § 3 II 5.; ders., ZZP 99 (1986), 361, 370 ff.; z.T. zustimmend Schilken, Gerichtsverfassungsrecht, § 4 Rdn. 52.

22 Vgl. Wolf, ZZP 99, 361, 378.

II. Zivilrechtspflege durch Notare

Bevor solche Schlussfolgerungen gezogen werden, die das Fundament für jede Aufgabenverlagerung auf Notare bilden, müssen drei Fragen im Sinne der folgenden, im Einzelnen zu erläuternden Thesen positiv beantwortet sein.

These 1: Notare sind keine Rechtsdienstleister, sondern sie führen Zivilverfahren unter eigener Verfahrenshoheit durch. Die deutsche Rechtsordnung verteilt die Aufgaben der Zivilrechtsrechtspflege auf Amtsträger, die teils innerhalb des staatlichen Justizapparats, teils außerhalb des staatlichen Justizapparats tätig sind. Notartätigkeit ist „Outsourcing" staatlicher Rechtspflege.

These 2: Notare sind Funktionsträger der Justiz; ihr Einsatz gewährleistet also in dem oben beschriebenen Sinne die spezifischen Richtigkeitsgarantien, die justizielle Rechtskontrolle ausmacht. Der Notar ist eine außerhalb des eigentlichen Justizapparats implementierte staatliche Rechtspflegeeinrichtung.

These 3 führt eigentlich schon über das Thema „Zivilrechtspflege durch Notare" hinaus: Für die Aufgabenverteilung innerhalb der Justiz spielt es prinzipiell keine Rolle, ob der Funktionsträger der Justiz im öffentlichen Dienst steht oder ob ein externer Funktionsträger wie der Notar zum Einsatz kommt. Es sind jedoch bestimmte verfassungsmäßige Grenzen einer Aufgabenübertragung auf Notare zu beachten.

1. Zur Kontrollfunktion des Notarverfahrens

Mittlerweile ist – zumindest in der Haftpflichtrechtsprechung – anerkannt, dass praktisch jede Notartätigkeit Amtstätigkeit ist, und zwar unabhängig davon, ob es sich um eine notarielle Pflichtaufgabe oder um eine sonstige Betreuungstätigkeit auf dem Gebiete der vorsorgenden Rechtspflege (§ 24 BNotO) handelt.[23] Die Notartätigkeit unterliegt Verfahrensregeln, wenn auch Notarverfahrensrecht nicht durchgängig kodifiziert ist. Last not least: Dem Prototyp des Notariatsakts, der Urkunde, kommt die Qualität der öffentlichen Urkunde mit besonderen Beweiswirkungen zu. Das Beurkundungsverfahren kann sogar in dem in § 794 Abs. 1 Nr. 5 ZPO geregelten Umfang als Titulierungsverfahren zur Errichtung eines Vollstreckungstitels dienen. Reicht das aber, um die Notartätigkeit der Rechtspflege zuzuschlagen?

23 Vgl. etwa Reithmann, in: Schippel/Bracker, 9. Aufl. 2011, § 24 BNotO Rdn. 2 ff.; Sandkühler, in: Arndt/Lerch/Sandkühler, 6. Aufl. 2008, § 24 BNotO Rdn. 3 jeweils m.w.N.

Entscheidendes Merkmal der staatlichen Zivilrechtspflege ist die Rechtskontrolle, die in Zivilverfahren stattfindet, eine Rechtskontrolle, deren Gegenstand das Privatrecht selbst ist. Eine solche Rechtskontrolle über den Status privater Rechtsbeziehungen findet ebenfalls in Notarverfahren statt, und zwar bei genauerem Hinsehen mit einem durchaus autoritativen Charakter. Das gilt nicht zuletzt für den Prototyp des Notarverfahrens, die Beurkundung. Der Gesetzgeber verlangt immer dann die notarielle Beurkundung als Wirksamkeitsvoraussetzung eines Vertrages, einer Erklärung oder eines Antrags, wenn er von einer situationsbedingten Schutzbedürftigkeit aller Beteiligten ausgeht. Das bestimmten Regeln unterworfene Beurkundungsverfahren verfolgt in diesem Sinne den konkreten Verfahrenszweck, die inhaltliche Überprüfung und Kontrolle des Vorgangs sicherzustellen[24], einschließlich der Kontrolle und damit Gewährleistung, dass der Inhalt der Urkunde dem Willen der mit der rechtlichen Tragweite vertraut gemachten Beteiligten entspricht[25]. Wer diese Kontrolle nicht wünscht, verzichtet auf den Rechtsfolgen setzenden Verfahrensakt und damit auf die Rechtsfolge selbst. Der Rechtskontrolle durch das Beurkundungsverfahren kommt in der deutschen Rechtsordnung, die vorsorgende Rechtspflege zur Konfliktbereinigung und Konfliktprophylaxe kennt, eine Komplementärfunktion zur Rechtsprechung zu. *Niese* und ihm folgend *Habscheid* haben von einem polaren Verhältnis zur Rechtsprechung gesprochen.[26] So wie der Richter pathologische Fälle heilen solle, so habe der Notar bei der Beurkundung dafür zu sorgen, dass pathologische Fälle möglichst gar nicht eintreten.

Wendet man den Blick vom Kerngeschäft des Notars zu den Nebengebieten der Notartätigkeit, zeigt sich, dass die deutsche Rechtsordnung der Notartätigkeit nicht nur Komplementärfunktionen beimisst, sondern ebenfalls Alternativkompetenzen von Gericht und Notar kennt. So können Vollstreckbarerklärungen für Anwaltsvergleiche oder Schiedssprüche mit vereinbartem Wortlaut durch Gerichte (gem. §§ 796 b, 1060 ff. ZPO) oder durch Notare (für Anwaltsvergleiche: § 796 c; für Schiedsvergleiche: § 1053 Abs. 4 ZPO) erteilt werden. Ein weiteres Beispiel für die Verlagerung gerichtlicher Tätigkeit bilden die Verfahren zur Nachlassauseinandersetzung nach den §§ 363 ff. FamFG. Diese Verfahren können anstelle der Gerichte oder neben den Gerichten Notare durchführen, wenn Landesrecht diese Übertragung auf Notare vorsieht (§ 487 Abs. 1 Nr. 3 FamFG). In Nordrhein-Westfalen regelt das neue Justizgesetz (JustG)[27], das u.a. das alte Preußische Gesetz über die Freiwillige

24 Vgl. Baumann, Notarius International 1996, 20, 25; Hellge, notar 1/2001, 2, 3; Richter, MittBayNot 1990, 1, 4.

25 Vgl. Ott, DNotZ Sonderheft 2001, 83*, 93*.

26 Niese, ZZP 73, 1, 27; Habscheid, Freiwillige Gerichtsbarkeit, § 4 IV. 2., S. 25.

27 Art. 1 des Gesetzes zur Modernisierung und Bereinigung von Justizgesetzen im Land Nordrhein-Westfalen vom 21. Januar 2010, GVBl. NRW 2010, S. 30. Durch Art. 2 Nr. 42 des Gesetzes wurde das Preußische Gesetz über die freiwillige Gerichtsbarkeit vom 21. September 1899 aufgehoben. Das Gesetz ist am 1. Januar 2011 in Kraft getreten.

Gerichtsbarkeit ersetzt, in § 80 die Überweisung des Verfahrens auf eine Notarin oder einen Notar nach Antrag eines Beteiligten. Ein notarielles Vermittlungsverfahren kennt im Übrigen auch das SachenRBerG. Der Bundesrat hatte seinerzeit angeregt, auch Rechtsanwälte, Wirtschaftsprüfer, Steuerberater sowie auf dem Gebiet des Grundstücks- und Wohnungswesens öffentlich bestellte Sachverständige mit der Vermittlungstätigkeit zu betrauen.[28] Diesem Vorschlag ist der Gesetzgeber deshalb nicht gefolgt, weil das Verfahren ausdrücklich unter staatlicher Kontrolle stattfinden sollte.[29]

Zusammenfassend kann festgestellt werden: Notartätigkeit ist staatliche Zivilrechtspflege durch Zivilverfahren.

2. Notare als Funktionsträger der Justiz

Die Komplementärfunktion zur Rechtsprechung, die die deutsche Rechtsordnung der notariellen Beurkundung beimisst, sowie die Beispiele konkreter Aufgabenverlagerungen aus dem Zuständigkeitsbereich der Gerichte auf Notare legen nahe, dass der Notar als staatliches Organ der Rechtspflege in den Funktionsbereich der Gerichtsbarkeit einbezogen sein soll. Die Rechtspflegeeinrichtung „Notar" muss aber der Gerichtsbarkeit insoweit angenähert sein, dass sich eine funktionale Zuordnung der Notartätigkeit zum Aufgabenbereich der Zivilgerichtsbarkeit rechtfertigen lässt. Ergänzend kommt hinzu, dass eine staatliche Rechtspflegeeinrichtung „Notar" dem Bürger in gleicher Weise zur Verfügung stehen muss wie eine Rechtspflegeeinrichtung „Gericht".

a) Erfüllung der spezifischen Richtigkeitsgarantien staatlicher Rechtspflege

Für die funktionale Zuordnung zur Zivilrechtspflege durch die Justiz war entscheidend, dass das Organ der Rechtspflege, das für diese Art der Rechtskontrolle eingesetzt wird, die Kriterien erfüllt, aus denen die spezifische Richtigkeitsgarantie justizieller Rechtskontrolle abgeleitet wird, also die Bindung an Recht und Gesetz, die Gewährung rechtlichen Gehörs, die institutionelle Neutralität sowie die Weisungsunabhängigkeit von der Verwaltung. Genau diese drei entscheidenden Merkmale der staatlichen Rechtspflegeeinrichtung sind in der BNotO geregelt. Der Notar darf nicht tätig werden, wenn seine Mitwirkung bei Handlungen verlangt wird, mit denen erkennbar unerlaubte oder unredliche Zwecke verfolgt werden (§ 14 Abs. 2 BNotO).

28 Bundesrat, BT-Drucks. 12/5992 S. 199 ff.
29 Regierungsbegründung, BT-Drucks. 12/5992, S. 164 zu § 88 des Entwurfs.

Der Notar verkörpert die institutionelle Neutralität eines staatlichen Rechtspflegeorgans (§ 14 Abs. 1 S. 2 BNotO); in den Worten des Bundesgerichtshofs ist Neutralität sogar „das Fundament des Notarberufs“.[30] Notaren ist die spezifische Unabhängigkeit eines Funktionsträgers der Justiz, die Weisungsunabhängigkeit gegenüber der Verwaltung, gewährt.[31]

b) Gewährleistung des Zugangs zur Rechtspflegeeinrichtung „Notar“

Der Rechtspflegebereich der vorsorgenden Rechtspflege kennt zwar keine festen Zuständigkeitsregelungen; es gilt der Grundsatz der freien Notarwahl. Der Gesetzgeber hat aber konkrete Vorkehrungen getroffen, um die Verfügbarkeit von Notariatsakten zu gewährleisten, die sich rechtskonstruktiv nicht schlicht als Kontrahierungszwang charakterisieren lassen.

Der freie Zugang zur Rechtspflegeeinrichtung Notar wird sichergestellt durch die generelle Pflicht zur Amtsbereitschaft (vgl. § 14 Abs. 1 S. 1 BNotO)[32] sowie durch den sogenannten Urkundsgewährungsanspruch, wonach der Notar eine Urkundstätigkeit nicht ohne ausreichenden Grund verweigern darf (§ 15 Abs. 2 BNotO). Eine länger als eine Woche dauernde Entfernung vom Amtssitz hat der Notar der Aufsichtsbehörde anzuzeigen; eine länger als einen Monat dauernde Abwesenheit bedarf der Genehmigung (§ 38 BNotO). Hinzu kommt, dass der Bestellung von Notaren die organisationsrechtliche Entscheidung über die Anzahl der Notarstellen vorausgeht.[33] Umfang und Ausgestaltung dieses Reglements sind im Grunde nur nachvollziehbar, wenn die Vorschriften dem Zweck dienen, eine staatliche Rechtspflegeeinrichtung außerhalb des eigentlichen Gerichtsapparats zu installieren, einen externen Funktionsträger der Justiz.

30 BGH, NJW 2004, 1954, 1955.
31 Hierzu Preuß, ZNotP 2008, 98 ff. m.w.N.
32 Preuß, Zivilrechtspflege durch externe Funktionsträger, S. 171.
33 BVerfGE 73, 280, 292 ff.; BGH, ZNotP 2003, 230, 231; ZNotP 2003, 355, 356; BAG, ZNotP 2000, 204; Bohrer, Berufsrecht der Notare, 1991, Rdn. 22, 230 ff; ders., DNotZ 1991, 3; Lischka, DNotZ 2002, 71 f.; Manssen, in: von Mangoldt/Klein/Starck, Art. 12 GG Rdn. 263; Ronellenfitsch, DNotZ 1990, 75, 77 f.; Starke, DNotZ 2003, 831, 834.

3. Bestellung und Kontrolle: Parallelen zum richterlichen Dienst

Der bisherige Befund legt nahe, dass es für die Aufgabenverteilung innerhalb der Justiz systematisch betrachtet keine Rolle spielt, ob der Funktionsträger der Justiz im öffentlichen Dienst steht oder ob ein externer Funktionsträger wie der Notar zum Einsatz kommt. Dass Notartätigkeit sich als Teilbereich staatlicher Rechtspflege darstellt und der Notar die Kriterien eines Funktionsträgers der Justiz erfüllt, ändert jedoch nichts daran, dass es wesentliche Unterschiede in der organisationsrechtlichen Ausgestaltung sowie in der Wahrnehmung durch die Öffentlichkeit gibt, wenn der Staat bestimmte Rechtspflegetätigkeiten nicht durch Funktionsträger erledigen lässt, die in einem öffentlichen Dienstverhältnis stehen, sondern durch einen freiberuflich tätigen Träger eines außerdienstlichen Amtes.

Innerhalb des Rechtspflegekonzepts, das eine Aufgabenverteilung zwischen Innendienst „Gericht“ und Außendienst „Notar“ vorsieht, muss Sorge dafür getragen werden, dass interne und externe Aufgabenerledigung gleichwertig sind. Durch die Aufgabenübertragung auf Notare begibt der Staat sich schließlich nicht seiner Aufgabenverantwortung.[34] Die Aufgabenverantwortung findet sich vielmehr wieder in der Bestellungsverantwortung und der Kontrollverantwortung. Je geringer dabei die Unterschiede zwischen den Organisationsformen staatlicher Rechtspflegeeinrichtungen ausfallen, desto eher lassen sich die organisatorischen Voraussetzungen für eine Verlagerung gerichtlicher Aufgaben bejahen.

Vor diesem Hintergrund kommt zunächst der bereits erwähnten organisationsrechtlichen Entscheidung über die Anzahl der Notarstellen besondere Bedeutung zu. Die Festlegung von Notarstellen hat sich nach den Belangen einer geordneten Rechtspflege zu richten.[35] Es müssen genügend Notariate und hinreichend leistungsfähige Notariate zur Verfügung stehen.

Die Wahrnehmung der staatlichen Bestellungsverantwortung schlägt sich außerdem in den gesetzlichen Anforderungen für die Übertragung eines Notaramts nieder. Bei der Bestellung hauptberuflicher Notare springt dabei die Parallele zwischen § 7 BNotO, der Vorschrift über die Bestellung des Notarassessors zum hauptberuflichen Notar, und § 10 DRiG, der Vorschrift über die Ernennung zum Richter auf Lebenszeit ins Auge. Die Voraussetzungen für die Bestellung eines Anwaltsnotars weisen strukturelle Unterschiede auf, indem an die Stelle der Assessorenzeit die Tätigkeit als Rechtsanwalt und die notarielle Fachprüfung treten. Allerdings lässt auch § 10 DRiG eine Anrechnung bestimmter Tätigkeiten auf die erforderliche Mindestzeit im richterlichen Dienst zu, darunter insbesondere auch die Tätigkeit als Rechtsanwalt.

34 Vgl. bereits Preuß, DNotZ 2008, 258, 273 ff.

35 BGH, DNotZ 2002, 70 f.; ZNotP 2003, 230, 231; ZNotP 2003, 439, 440; DNotZ 2005, 947; Starke, DNotZ 2003, 831, 832.

Auch hinsichtlich der staatlichen Kontrolle über die Tätigkeit der Notare sind strukturelle Parallelen zwischen dem Dienstrecht der Richter und dem Amtsrecht der Notare erkennbar. Die Amtsführung des Notars ist Gegenstand der kontrollierenden Aufsicht durch die Justizverwaltung, wobei sowohl Richter (§ 26 DRiG) als auch Notare nicht in ihrer Unabhängigkeit beeinträchtigt werden dürfen. Die Notaraufsicht wird lediglich ergänzt durch die Kammeraufsicht, mit der sich das Kontrollsystem die berufsspezifische Sachkompetenz der Kammern zunutze macht.[36]

Es zeigt sich somit, dass die organisationsrechtlichen Grundlagen der Notartätigkeit erkennbare Parallelen zum Dienstrecht der Richter aufweisen. In diesen Parallelstrukturen liegt die (einfach)gesetzliche Basis für eine grundsätzliche Gleichwertigkeit staatlicher Rechtspflege durch Gerichte oder Notare. Ob die Rechtswirklichkeit dem entspricht, hängt naturgemäß davon ab, wie Bestellungsverantwortung und Kontrollverantwortung in der Praxis wahrgenommen werden.

IV. Verfassungsrechtliche Grenzen der Aufgabenverlagerung auf Träger eines außerdienstlichen Amtes

Die Institution „Notar" kann prinzipiell eingesetzt werden, um bislang den Gerichten überantwortete Aufgaben der Rechtspflege zu übernehmen. Es stellt sich somit nur noch die Frage, inwieweit die Verfassung einer weiteren Aufgabenverlagerung auf Träger eines außerdienstlichen Amtes Grenzen setzt.

1. Vorbehalt des Art. 33 Abs. 4 GG

Der Gesetzesantrag der Länder Baden-Württemberg und Sachsen zur Aufgabenübertragung auf Notare geht davon aus, dass im Hinblick auf den Funktionsvorbehalt des Art. 33 Abs. 4 GG eine Änderung des Grundgesetzes ratsam sei, um bislang den Gerichten zugewiesene Aufgaben im Bereich der freiwilligen Gerichtsbarkeit auf Notare zu übertragen. Art. 33 Abs. 4 GG besagt, dass die Ausübung hoheitlicher Befugnisse als ständige Aufgabe in der Regel Angehörigen des öffentlichen Dienstes zu übertragen ist, die in einem öffentlich-rechtlichen Dienst- und Treueverhältnis stehen. Mit der vorgeschlagenen Grundgesetzänderung soll zur Klarstellung ein Art. 98a GG eingefügt werden, mit dem die Übertragung von „Angelegenheiten der freiwilligen Gerichtsbarkeit auf Notare" durch Gesetz gestattet werden kann.[37]

36 Preuß, Zivilrechtspflege durch externe Funktionsträger, S. 277.
37 BR-Drucks. 66/10.

Angesichts des Umstands, dass Notare bereits nach geltendem Recht staatliche Rechtspflegeaufgaben wahrnehmen, wobei zum Teil sogar Alternativzuständigkeiten zwischen Gericht und Notar bestehen, drängt sich die Frage auf, weshalb gerade die neuen Aufgabenübertragungen, die der Entwurf vorsieht, besondere Probleme hinsichtlich des Funktionsvorbehalts aufweisen sollten.[38] Immerhin ist das Notariat als Institution in einer Weise rechtlich ausgestaltet, dass eine dem Staat zuzurechnende Wahrnehmung von Rechtspflegeaufgaben gewährleistet ist. Auch der Notar ist Träger eines öffentlichen Amtes, wobei ihm im Gegensatz zum Beamten allerdings kein innerdienstliches Amt, sondern ein außerdienstliches Amt übertragen ist.[39]

Ob der Funktionsvorbehalt der Übertragung bestimmter Aufgaben auf den Träger eines außerdienstlichen Amtes entgegensteht, ist in dieser thematischen Zuspitzung eine ungeklärte Frage. In der verfassungsrechtlichen Literatur wird diese spezielle Problematik nicht diskutiert. Einschlägige Stellungnahmen finden sich zu den Stichworten „Verlagerung von Staatsaufgaben auf Private" und „Beleihung". Hierzu wird durchaus auch die Ansicht vertreten, dass Art. 33 Abs. 4 GG der Aufgabenübertragung Grenzen setze.[40] Selbst wenn man diese Ansicht teilen wollte, heißt das aber nicht zwangsläufig, dass Art. 33 Abs. 4 GG der Aufgabenübertragung auf den Träger eines außerdienstlichen Amtes, dessen Bestellung und dienstrechtliche Einbindung Parallelen zum richterlichen Dienst zeigt, entgegenstehen muss. Es könnte ebenso gut vertreten werden, dass es nur eine Frage der konkreten Ausgestaltung des außerdienstlichen Amtes und der Art und des Umfangs der Bindungen ist, ob staatliche Aufgaben uneingeschränkt auf den Amtsträger übertragen werden können oder nicht.[41] Wenn die Außerdienstlichkeit des Amtes kein entscheidendes Abgrenzungskriterium mehr wäre, dann erübrigten sich prinzipielle Bedenken wegen des Funktionsvorbehalts.

Ein Kernbereich wird jedoch immer bleiben, in dem die Außerdienstlichkeit des Amtes der entscheidende Unterschied ist, der einer Aufgabenverlagerung vom Gericht auf den Notar entgegensteht. Insofern mag eine klarstellende Grundgesetzänderung generell sinnvoll sein. Ob der schillernde Begriff der „freiwilligen Gerichtsbarkeit" jedoch geeignet ist, diese Klarstellung zu bewirken, muss bezweifelt werden.

38 Ob jedoch eine Legitimation durch die Kompetenzzuweisung des Art. 74 Abs. 1 Nr. 1 GG genügt, erscheint zweifelhaft; befürwortend: Egerland, Die Notarbestellung im hauptberuflichen Notariat, 2009, zugl. Diss. Würzburg 2007, S. 39 ff.

39 Zum Amt des Notars vgl. etwa Isensee, notar 2009, 144 ff.

40 Masing in Dreier Kommentar zum GG, Art. 33 Rdn. 62.

41 So wird die Amtsstellung des Notars i.E. als ausreichend angesehen, um dem Vorbehalt des Art. 33 Abs. 4 G zu genügen, vgl. Scholz, Sonderheft DNotZ 2007, 26*, 34*.

2. Richtervorbehalt

Die entscheidende verfassungsrechtliche Grenze jeder Aufgabenverlagerung auf Notare bildet der Richtervorbehalt des Art. 92 GG. Hierbei handelt es sich freilich nicht um ein spezifisches Problem der Aufgabenverlagerung auf Notare, sondern um das Grundsatzproblem, welche Rechtspflegeaufgaben dem Richter vorbehalten sind, ein Abgrenzungsproblem, das sich nicht in gleicher, aber in ähnlicher Weise auch bei der Aufgabenübertragung auf den Rechtspfleger stellt.[42]

Es wurde bereits festgestellt, dass das Richtermonopol das Monopol des letzten Wortes und in bestimmten Fällen auch das Recht des ersten Wortes erfasst. Diese verfassungsrechtliche Grenze muss jede Aufgabenübertragung einhalten. Steht eine Übertragung bislang dem Richter übertragener Aufgaben zur Debatte, wäre als stets kritisch zu prüfen, ob es sich nicht wegen der besonderen Schutzwürdigkeit der betroffenen Rechte um einen so sensiblen Rechtspflegeakt handelt, dass hierfür die verspätete Anrufung des Richters vermieden werden muss. Aufgaben, die hiernach auf den Rechtspfleger übertragen werden dürfen, können aber ebenfalls auf den Notar übertragen werden.

C. Leitlinien für die Aufgabenverteilung zwischen Gerichten und Notaren

I. Zielvorgabe: Aufgabenerledigung durch das „passende“ Organ

Die Zielvorgabe lautet, eine Rechtspflegeaufgabe dem hierfür „passenden“ Organ zuzuweisen. Das sollte „nach Möglichkeit“ das Organ sein, das am besten geeignet ist, in einem Bereich effiziente Rechtspflege zu leisten. Mir erscheint es sinnvoll, die Entscheidung, ob der Notar das „passende Organ“ ist, um weitere, bislang den Gerichten übertragene Aufgaben zu erledigen, an zwei Parametern zu orientieren, am Aufgabenprofil der Rechtspflegeeinrichtung „Notar“, womit hier stets das freiberufliche Notariat gemeint ist, und an der besonderen Organisationsform (Stichwort: organisatorische Selbständigkeit des Notars).

42 Zur Frage der Verfassungsmäßigkeit der Aufgabenübertragung auf den Rechtspfleger vgl. Herrmann, in: Arnold/Meyer-Stolte, Kommentar zur RpflG, 7. Aufl. 2009, Rdn. 57 ff.; grundlegend Wolf, ZZP 99, 361 ff.

II. Aufgabenprofil des Notars

Die Berücksichtigung des Aufgabenprofils ist schon deshalb von Bedeutung, weil von der Art der übertragenen Aufgaben der Charakter der Rechtspflegeeinrichtung „Notar“ bzw. das Berufsbild des Notars abhängt. Passt sich eine Aufgabe bruchlos in das Aufgabenprofil ein, stellt sie sich vielleicht sogar als Annexkompetenz zu bisher schon vom Notar erledigten Aufgaben dar, lässt sich die Sinnhaftigkeit einer Aufgabenverlagerung eher begründen als bei der Übertragung einer Tätigkeit, die zunächst als Fremdkörper erscheint. Andererseits ist das Aufgabenprofil der Rechtspflegeeinrichtung „Notar“ aber nicht statisch zu sehen, so dass eine den neuen Anforderungen entsprechende Fortentwicklung durchaus angestrebt werden kann. Nur sollte man sich vor der Aufgabenverlagerung darüber klar werden, wo das Ziel dieser Fortentwicklung liegt.

1. Organ der vorsorgenden Rechtspflege

Die Bestimmung des charakteristischen Aufgabenprofils des Notars hat bei § 1 BNotO anzusetzen. Notare werden bestellt für die Beurkundung und andere Aufgaben auf dem Gebiete der vorsorgenden Rechtspflege. Eine genauere Spezifikation der Urkundstätigkeit findet sich in den §§ 20 bis 22 BNotO, wobei allerdings ins Auge fällt, dass sich schon aus diesen Vorschriften ein Aufgabenkonglomerat ergibt. Erfasst werden ebenfalls Tätigkeiten, die allenfalls qua definitionem als „vorsorgende Rechtspflege“ bezeichnet werden können. Zu nennen sind hier etwa die bereits erwähnten Vermittlungen bei der Nachlassauseinandersetzung sowie die Vermittlungen nach dem SachBerG, die Abnahme von Eiden und die Aufnahme eidesstattlicher Versicherungen. Auch im Vollstreckungsrecht der ZPO kommt der Notar nicht als Organ der vorsorgenden Rechtspflege zum Einsatz, wenn er Vollstreckungsklauseln erteilt oder wenn er Anwaltsvergleiche und Schiedssprüche mit vereinbartem Wortlaut für vollstreckbar erklärt.

Diese bereits eröffnete Aufgabenvielfalt zeigt an, dass die Institution „Notar“ flexibel genug ist, um auch Tätigkeiten zu übernehmen, die den Rahmen der vorsorgenden Rechtspflege sprengen. Gleichwohl bleibt zu beachten, dass das Wesen der Institution „Notar“ sich in erster Linie mit dem Begriff „Beurkundungsorgan“ kennzeichnen lässt. In der Öffentlichkeit wird der Notar primär als Beurkundungsorgan wahrgenommen. Die bisherigen Zuständigkeitserweiterungen ergänzen dieses Profil, haben aber das charakteristische Erscheinungsbild der Institution „Notar“ nicht beeinflusst. Das dürfte sich ändern, wenn signifikante Aufgabenbereiche von den Gerichten auf die Notare verlagert würden.

Eine derartige Änderung in der Außenwahrnehmung mag durchaus gewünscht sein. Der Notar ist zwar schon nach der geltenden Rechtspflegeverfassung systematisch betrachtet eine „Außenstelle der Justiz“. Mit der zusätzlichen Übertragung genuin gerichtlicher Aufgaben würden Notare aber auch deutlicher als Außenstelle der Justiz wahrgenommen.

2. Zusammenwirken zwischen Notar und Gericht

Wird über eine Verlagerung gerichtlicher Aufgaben auf den Notar nachgedacht, sollte auch in Erinnerung gerufen werden, dass das deutsche Rechtspflegesystem häufig gerade auf das Zusammenwirken von Gericht und Notar setzt und damit bei der Rechtskontrolle ein mehr oder weniger ausgeprägtes „Vier-Augen-Prinzip" verfolgt.[43] Ein markantes Beispiel ist das – nicht zuletzt auch praktisch-technisch vorgegebene – Zusammenwirken von Notar und Gericht im Registerrecht. Die verfahrensrechtlichen Grundlagen für dieses Zusammenwirken sind zwar zum Teil recht dürftig. Formanforderungen im Verfahren – Stichwort „Beglaubigung" – und notarielle Vollzugspflichten führen jedoch faktisch zu einem solchen Zusammenwirken. Somit findet eine Aufgabenverteilung zwischen Notar und Gericht statt, die das charakteristische Aufgabenprofil der jeweiligen Institution nutzt, um im Ergebnis eine hohe Richtigkeitsgewähr zu erzielen, ohne eine Institution übermäßig zu belasten. Angesichts der dürftigen und zum Teil verstreuten gesetzlichen Grundlagen, auf denen das Zusammenwirken zwischen Gericht und Notar beruht, drängt sich die Frage auf, ob die Bedeutung dieser Kooperation dem Gesetzgeber stets bewusst ist oder ob nicht vielmehr in den Kategorien exklusiver Zuständigkeiten gedacht wird. Dabei sollte die Bedeutung dieser „Kooperationsverfahren" auf dem Gebiet der freiwilligen Gerichtsbarkeit nicht unterschätzt werden. Klare Strukturen und Zuständigkeitsverteilungen innerhalb der Verfahrensprozesse und Erkennbarkeit der Kooperation nach außen würden dieses Verfahrensmodell als Alternative, die es zumindest zu bedenken gilt, ins Bewusstsein rücken und auch für andere Verfahrensbereiche der freiwilligen Gerichtsbarkeit als Alternativmodell diskutabel machen.

III. Entscheidung für einen organisatorisch selbständigen Amtsträger

Der zweite Aspekt, der bei der Entscheidung für oder wider eine Aufgabenverlagerung auf Notare eine Rolle spielt, ist die organisatorische Selbständigkeit.

Erstens: Das Rechtspflegesystem der vorsorgenden Rechtspflege ist auf den Notar als den verantwortlichen Amtsträger zugeschnitten. Selbstverständlich benötigt der Notar die Unterstützung seiner Mitarbeiter. Abgesehen von den Amtsgeschäften,

43 Vgl. Vossius, in: Justiz im Wandel der Zeit, Festgabe 100 Jahre deutscher Richterbund, 2009, S. 181, 184.

die der Notar höchstpersönlich zu erledigen hat, gibt es auch eine Fülle delegierbarer Aufgaben oder sogar genuiner Mitarbeiteraufgaben. Der einzelne Amtsträger ist dafür verantwortlich, seine Geschäftsstelle selbst zu organisieren, und er genießt dabei im Übrigen organisatorische Unabhängigkeit. Die Übertragung neuer Aufgabenbereiche auf den Notar verlangt die organisatorische Umsetzung durch den Amtsträger. Da der Notar auch organisatorischen Grundpflichten unterliegt[44], ist das rechtliche Fundament für weitere Aufgabenverlagerungen gelegt. Der Unterschied zur Aufgabenübertragung auf die Gerichte liegt allerdings darin, dass bei den Gerichtsaufgaben die funktionale Erstzuständigkeit schon kraft Gesetzes zwischen Richter und Rechtspfleger verteilt ist.

Zweitens: Wegen der Ausgliederung aus dem Justizapparat und dem Prinzip der freien Notarwahl kommt der Institution Notar eine besondere, geradezu buchstäbliche Bürgernähe zu. Wenn über eine Verlagerung gerichtlicher Aufgaben auf den Notar entschieden wird, dann ist die Wahl zu treffen zwischen der Institution mit der größeren Nähe zum Bürger und der Institution mit der größeren Distanz. Diese Auswahl sollte für den jeweiligen Rechtspflegebereich bewusst und mit Blick auf die Außendarstellung getroffen werden.

44 Vgl. Preuß, DNotZ 2008, 258, 271.

Aufgabenübertragung auf Notare – Kosten und Nutzen*

Prof. Dr. Gerhard Wagner LL.M.

I. Einleitung

Die Entlastung der Gerichte und die Konzentration der Justiz auf ihre Kernaufgaben steht seit vielen Jahren ganz oben auf der rechtspolitischen Agenda. Die Verlagerung von Aufgaben, die derzeit von den Gerichten erledigt werden, auf Notare ist ein probates Mittel zum Zweck der Justizentlastung. Die Aufgabenverlagerung auf Notare mag sogar besonders attraktiv erscheinen, weil damit einerseits eine Privatisierung erreicht, die jeweilige Aufgabe andererseits aber nicht völlig aus der staatlichen Kontrolle entlassen wird, sondern im Verantwortungsbereich eines öffentlichen Amts verbleibt.[1] In den bisherigen Überlegungen spielten vor allem das Nachlasswesen, aber auch Familiensachen und das Registerwesen eine große Rolle.

Trotz der eben angedeuteten Vorzüge hat sich der Gesetzgeber bisher nicht dazu durchringen können, Aufgaben von der Justiz auf das Notariat abzuwälzen. Das bis auf weiteres letzte große Reformprojekt im Bereich der bisherigen freiwilligen Gerichtsbarkeit, das in den Erlass des FamFG mündete, hätte eine gute Gelegenheit dazu geboten, den Aufgabenkatalog der Gerichte Punkt für Punkt durchzugehen, um die Chancen und Risiken einer Aufgabenverlagerung auf Notare auszuloten. Dazu ist es nicht gekommen, sondern alles beim Alten geblieben. Von den damals auf dem Tisch liegenden Vorschlägen zur Aufgabenverlagerung ist nichts umgesetzt worden.

Erledigt ist das Thema trotz der FGG-Reform nicht. Vielmehr hat es durch den Koalitionsvertrag der CDU/CSU/FDP-Regierung von 2009 neuen Auftrieb erhalten. Der Koalitionsvertrag sieht vor, im Interesse der Effizienzsteigerung und Entlastung der Justiz den Ländern freizustellen, Aufgaben der Nachlassgerichte erster Instanz auf

* Der Beitrag basiert auf einem Vortrag, den der Verfasser auf dem Symposium „Aufgabenübertragung auf Notare – Grundlagen – Grenzen – Ziele“ am 13. November 2009 in der Heinrich-Heine-Universität Düsseldorf gehalten hat. Herrn Helge Pühl danke ich herzlich für die Unterstützung bei der Vorbereitung des Manuskripts.

1 Hierzu Preuß, DNotZ 2008, 258, 266.

Notare zu übertragen.[2] Die folgende Analyse konzentriert sich jedoch nicht ausschließlich auf diesen Bereich, sondern bezieht auch Familiensachen und das Registerwesen ein. Sie stellt den Ausgangspunkt der rechtspolitischen Debatte nicht in Frage, sondern akzeptiert die Prämisse, dass eine Aufgabenverlagerung von der Justiz auf das Notariat sinnvoll ist, wenn der Nutzen dieser Maßnahme ihre Kosten übersteigt. Die Rede von Kosten und Nutzen der Justiz ist allerdings keineswegs selbstverständlich, sondern bedarf der Erläuterung.

Vorab bedarf es allerdings einer Vergewisserung über die normativen Parameter: Welchen Nutzen darf man sich von der Verlagerung von Justizaufgaben auf das Notariat erwarten, und welche Kosten stehen dem gegenüber?

II. Kosten und Nutzen der Zivilrechtspflege

Die Zivilrechtspflege stiftet zunächst Nutzen für die Parteien der jeweiligen Rechtsstreitigkeit oder des jeweiligen Rechtsverhältnisses selbst. Soweit die Justiz Rechtsstreitigkeiten verbindlich entscheidet und der obsiegenden Partei den Zugang zur Zwangsvollstreckung ebnet, verwirklicht sie diejenigen Zwecksetzungen, die hinter dem materiellen Recht stehen. Wenn beispielsweise das Haftungsrecht dazu dient, den Parteien Anreize zu sorgfältigem Verhalten in Gefahrensituationen zu vermitteln, dann treten die erhofften Steuerungswirkungen nur ein, wenn derjenige, der die im Verkehr erforderliche Sorgfalt nicht walten lässt, damit rechnen muss, für den dadurch verursachten Schaden zur Verantwortung gezogen zu werden. Nur dann, wenn die Durchsetzung tatsächlich bestehender Ersatzansprüche gewährleistet ist, hat der potentielle Schädiger den richtig bemessenen Anreiz, effiziente Sorgfaltsvorkehrungen zu treffen. Diese am Beispiel des Deliktsrechts angestellten Überlegungen lassen sich verallgemeinern: Die durch einen Vertrag und das Vertragsrecht generierten Anreize zur Erfüllung sind darauf angewiesen, dass der Gläubiger im Konfliktsfall dazu in der Lage ist, die ihm zustehenden Erfüllungs- oder Schadensersatzansprüche auch durchzusetzen; die durch das Lauterkeitsrecht gesetzten Anreize zu fairem Wettbewerbsverhalten werden nur wirksam, wenn unlauteres Konkur-

2 Koalitionsvertrag der CDU/CSU-FDP-Koalition, S. 111. Die Länder Baden-Württemberg und Sachsen haben am 05.02.2010 einen Gesetzentwurf zur Beratung in den Gremien des Bundesrats eingebracht (BR-Drs. 67/10). Dieser basiert auf einem bereits 2008 eingebrachten Gesetzentwurf (BT-Drs. 16/9023), der in der letzten Legislaturperiode allerdings der Diskontinuität des Bundestages anheim gefallen war. Flankierend zu berücksichtigen ist der Entwurf eines Gesetzes zur Änderung des Grundgesetzes (Art. 98a), mit der die verfassungsrechtliche Zulässigkeit einer Verlagerung von Aufgaben des freiwilligen Gerichtsbarkeit auf Notare klargestellt werden soll (BR-Drs. 44/10 und 108/08).

renzverhalten auch tatsächlich sanktioniert wird usw. Das materielle Privatrecht ist demnach für seine praktische Wirksamkeit auf prozessuale Rechtsdurchsetzung angewiesen. Dazu bedarf es einer funktionierenden Ziviljustiz, die nicht nach dem Muster eines Zufallsgenerators funktioniert, sondern mit hinreichender Verlässlichkeit tatsächlich bestehende Ansprüche von unbegründeten Rechtsschutzbegehren zu unterscheiden vermag.

Auf der Basis dieser Überlegungen könnte man meinen, die Durchsetzung des materiellen Rechts und der dahinter stehenden Regelungszwecke erfordere eine Gerichtsentscheidung in jedem Einzelfall. Eine solche Vorgabe wäre offensichtlich unerfüllbar, weil die Justiz bei weitem nicht über die Ressourcen verfügt, um auf jede Vertragsverletzung und jede unerlaubte Handlung mit einem streitigen Zivilverfahren reagieren zu können. Dafür müsste die Justiz einen Umfang annehmen, den keine Gesellschaft finanzieren könnte. Tatsächlich sind die hinter dem materiellen Recht stehenden Steuerungszwecke auch gar nicht darauf angewiesen, dass sie in jedem einzelnen Fall im Rahmen eines mit rechtsstaatlichen Garantien ausgestatteten, Richtigkeit gewährleistenden Zivilprozesses durchgesetzt werden. Vielmehr reicht es vollkommen aus, wenn die Parteien wissen, dass ein funktionierendes Justizsystem bereit steht, das den vorgebrachten Rechtsschutzbegehren nachgibt, wenn sie begründet sind. Kann beispielsweise der Verursacher eines Verkehrsunfalls, bei dem ein neunjähriges Kind durch ein Kraftfahrzeug schwer verletzt worden ist, sicher sein, von dem zuständigen Gericht auf Schadensersatz verurteilt zu werden, wird er von vornherein die erforderliche Sorgfalt walten lassen.

Für die vorstehende Analyse ist es im Grunde gleichgültig, wer im Streitfall über den Anspruch entscheidet; wichtig ist nur, dass die potentiell verantwortliche Partei sicher sein kann, zur Erfüllung ihrer gesetzlichen Pflichten herangezogen zu werden. Wo keine Rechtsunsicherheit herrscht, haben die Parteien nicht nur ex ante den Anreiz, sich so zu verhalten, wie es die Rechtsordnung verlangt, sondern darüber hinaus ex post, wenn das Kind in den Brunnen gefallen und ein Schaden entstanden ist, allen Grund, freiwillig zu leisten bzw. einem Vergleich zuzustimmen, weil sich auf diese Weise Prozesskosten erheblichen Umfangs einsparen lassen. In der Realität liegt es jedoch so, dass die Rechtslage mehr oder weniger unsicher ist, so dass die Parteien nicht ohne weiteres vorhersehen können, wie entschieden würde, wenn es zu einem Haftungsfall und einem anschließenden Rechtsstreit käme.

In der Situation ex post, nach Entstehung eines Anspruchs und eines diesbezüglichen Streits, geht es für die Parteien um die Wahl, ob sie einen Rechtsstreit anstrengen und durch die Instanzen treiben, oder ob sie sich gütlich einigen und den Streit im Vergleichswege bereinigen wollen. Die gütliche Einigung setzt nicht nur guten

Willen voraus, sondern eine rationale Abschätzung der Gewinnchancen in einem späteren Rechtsstreit.[3] Ein Vergleichsfenster öffnet sich nur dann, wenn die Erwartungen der Parteien über den Ausgang des sonst anzustrengenden oder fortzuführenden Rechtsstreits mehr oder weniger parallel laufen. Optimale Bedingungen für eine Klageerhebung bzw. für die Fortsetzung eines Prozesses bis in die letzte Instanz sind gegeben, wenn die Erfolgsprognosen der Parteien nicht kongruent sind, sondern in die positive Richtung von einander abweichen. Sind beide Parteien überoptimistisch, glauben beispielsweise, sie werden jeweils mit einer Wahrscheinlichkeit von 80% gewinnen, ist ein Vergleich ausgeschlossen, weil jede Seite – subjektiv – besser steht, wenn sie prozessiert. Inkongruente Erfolgsprognosen lassen sich in der Praxis nie ganz vermeiden, weil die Parteien regelmäßig nicht über die Informationen der jeweiligen Gegenseite verfügen und dem Menschen ein Zug zum Überoptimismus offenbar eingeschrieben ist. Ganz unabhängig von bestehenden Informationsasymmetrien und dem menschlichen Überoptimismus werden inkongruente Erfolgsprognosen dann befeuert, wenn die Rechtslage selbst unsicher ist. Solange beispielsweise unklar ist, ob der Käufer fehlerhafter Ware nach Ausübung des Rücktrittsrechts Nutzungsersatz schuldet (vgl. § 439 Abs. 4 BGB), können ein Verbraucher und ein Versandhändler ihren diesbezüglichen Streit nur schwer beilegen.[4]

Die Parteien eines möglichen Rechtsstreits sind somit darauf angewiesen, die einschlägigen Vorgaben der Rechtsordnung zu kennen, und zwar sowohl ex ante, zur Einstellung des eigenen Verhaltens, als auch ex post, zur rationalen Entscheidung über Optionen gütlicher Einigung. Die Kenntnis des Gesetzesrechts in abstracto nutzt dabei wenig; gefragt ist möglichst weit konkretisiertes Gesetzesrecht, das die Antizipation des Inhalts eines möglichen Gerichtsentscheids im konkreten Einzelfall ermöglicht. Diesen Bedarf zu befriedigen ist die zentrale Aufgabe der Ziviljustiz und der von ihr generierten „Produkte“: Gerichtsentscheidungen. Durch Gerichtsentscheidungen erhält das abstrakte Gesetzesrecht erst eine für Bürger und Unternehmen handhabbare Form. Wenn der Betreiber eines Restaurants wissen will, ob er im Winter bei Schnee und Glätte den Parkplatz und die Zuwege streuen muss, dann nützt ihm ein Blick in § 823 Abs. 1 BGB gar nichts. Ein Blick in einen einschlägigen Kommentar ergibt indessen, dass Gastwirte weitreichenden Verkehrspflichten unterliegen, zu denen auch das Abstreuen der von Gästen betretenen Außenflächen gehört. Diese Grundsätze beruhen auf einer Anzahl von Präjudizien in entsprechend gelagerten Fällen. Durch das Studium solcher Entscheidungen oder der letztere zusammenfassenden Literatur wird der Normadressat erst in die Lage versetzt, sich normkonform zu verhalten. Kommt es gleichwohl zu einem Unfall, dann liefern die

3 Zum Folgenden eingehend Wagner, ZZP 121 (2008), 5, 8 ff.

4 Zu diesem Fall BGH NJW 2006, 3200; EuGH, Urt. v. 17.04.2008, Rs. C-404/06, (Quelle AG ./. Bundesverband der Verbraucherzentralen), NJW 2008, 1433; BGHZ 179, 27.

Grundsätze zur Streupflicht von Gastwirten den Schatten des Rechts, innerhalb dessen die Vergleichsverhandlungen der Parteien stattfinden.[5]

Insgesamt bleibt festzuhalten: Von der Warte des Allgemeinwohls betrachtet, kommt veröffentlichten Gerichtsentscheidungen die Funktion zu, abstraktes Gesetzesrecht zu konkretisieren und das Gesetz damit für den Bürger anwendbar und voraussehbar zu machen. Diese Orientierungsfunktion besteht in zweierlei Richtung: *Ex ante* werden die Rechtssubjekte in die Lage versetzt, ihr Verhalten an den einschlägigen Rechtsgeboten ausrichten, so dass Schäden vermieden werden können; *ex post* liefern Gerichtsentscheidungen Maßstäbe für Vergleichsverhandlungen und tragen so zur Vermeidung von Rechtsstreitigkeiten bei.

Diese Funktionen sind dem praktisch tätigen Juristen intuitiv geläufig. Zusätzlich zu den bereits genannten Beispielen ist die Vertragsgestaltung zu nennen. Die Aufgabe der hier tätigen Rechtsanwälte und Notare besteht darin, das Interesse des Mandanten oder beider Parteien in den Grenzen des rechtlich Möglichen zu verwirklichen. Was rechtlich möglich ist, das richtet sich nicht nur nach zwingenden Spezialnormen nach Art des § 444 BGB sowie nach den allgemeinen Vorschriften über die Vertrags-Inhaltskontrolle gemäß §§ 307 ff. BGB, sondern primär maßgeblich sind Gerichtsentscheidungen, die die eben zitierten Vorschriften erst mit Leben gefüllt haben.

Der Orientierungsnutzen veröffentlichter Gerichtsentscheidungen erweist sich auch im Wege eines Umkehrtests, wenn also Bereiche ins Auge gefasst werden, in denen es an solchen Entscheidungen fehlt. Einschlägige Beispiele finden sich dort, wo die Zivilgerichte breitflächig durch private Schiedsgerichte ersetzt worden sind. Welche Konsequenzen es hat, wenn Entscheidungen nicht mehr durch eine öffentlich zugängliche Zivilrechtspflege, sondern allein durch vertraulich tagende Schiedsgerichte, die ihre Entscheidungen nicht publizieren, ergehen, lässt sich am Beispiel der Börsenschiedsgerichtsbarkeit in den USA ablesen. Nachdem der U.S.-Supreme Court die Schiedsfähigkeit von Streitigkeiten in Wertpapierhandelssachen anerkannt hatte,[6] ist es zu einer völligen Austrocknung des Stroms von Gerichtsentscheidungen gekommen.[7] Heute sind weite Bereiche des Wertpapierhandelsrechts *terra incognita*, weil sie dem Prozess der Rechtskonkretisierung und Rechtsfortbildung im öffentlichen Diskurs gänzlich entzogen wurden. Das Fehlen hinreichend konkreter Verhaltensmaßstäbe erschwert die Wahl zwischen verschiedenen Verhaltensoptionen wie auch die einverständliche Beilegung allfälliger Streitigkeiten im Vergleichsweg.

5 Vgl. Mnookin/Kornhauser, 88 Yale. L. J. 950 (1979): “Bargaining in the Shadow of the Law”.
6 Rodrigues de Quijas ./. Shearson/AmericanExpress, 490 U.S. 477 (1989).
7 Wagner, ZEuP 2008, 6, 10.

Dem erfahrenen Praktiker des deutschen Rechts mag das amerikanische Wertpapierhandelsrecht fernliegen, doch einschlägige Beispiele finden sich auch hierzulande. Der Unternehmenskauf ist das wichtigste Exempel für den Ausfall der Konkretisierungs- und Rechtsfortbildungsfunktion der Zivilgerichte. In Deutschland wird bekanntlich kaum ein Unternehmenskaufvertrag ohne Schiedsklausel geschlossen, wenn man von Kleinsttransaktionen über Praxen von Freiberuflern einmal absieht.[8] Das Recht des Unternehmenskaufs ist auf diese Weise zu einer Domäne von Handbüchern geworden, die auf erheblicher Abstraktionsebene geschrieben sind, weil Anschauungsmaterial in Gestalt realer Fälle und der dazu ergangenen Gerichtsentscheidungen ebenso fehlt wie eine gelehrte Diskussion über Lösungsansätze, -alternativen und dogmatische Weichenstellungen. Diese Leerstellen wirken durchaus auch auf die Vertragsgestaltung zurück; die Qualität der üblichen Unternehmenskaufverträge ist niedriger, als sie sein könnte, weil den Verfassern die breite Palette pathologischer Fälle fehlt, die in anderen Bereichen des Kaufrechts als (abschreckendes) Anschauungsmaterial zur Verfügung steht.[9]

Insgesamt bleibt festzuhalten, dass die öffentliche Zivilrechtspflege durch staatliche Gerichte in erheblichem Umfang positive externe Effekte für die Allgemeinheit bzw. für an dem jeweiligen Rechtsstreit nicht beteiligte Dritte generiert. Dieser Umstand liefert eine Rechtfertigung dafür, dass die Ziviljustiz in begrenztem Umfang von der öffentlichen Hand subventioniert wird.[10] Die Größe dieser Subvention lässt sich leider nicht genau beziffern, weil die Zivilgerichte nicht als selbständige Justizbehörden organisiert sind, sondern eine Abteilung der ordentlichen Gerichtsbarkeit darstellen und selbst die Kosten der ordentlichen Gerichte nicht separat ausgewiesen werden. Global betrachtet betragen die Gesamtkosten der ordentlichen Gerichtsbarkeit jedenfalls deutlich weniger als 1 % der gesamten Staatsausgaben.[11]

Was folgt aus diesen Überlegungen für die Beurteilung einer möglichen Verlagerung von Aufgaben weg von der Justiz, hin zu den Notaren? – Zunächst liegt auf der Hand, dass eine möglichst weitgehende Privatisierung der Ziviljustiz als solche kein lohnendes Ziel ist, weil ein starker Strom veröffentlichter und öffentlich zugängli-

8 Vgl. BGH NJW-RR 1989, 306; 1996, 429; DStR 2001, 901; NZG 2002, 298.

9 Wagner, ZEuP 2008, 6, 10 f.

10 Wagner, JZ 1998, 836, 837 f.

11 Statistisches Bundesamt Deutschland (Hrsg.), Statistisches Jahrbuch 2009, Zahlenreihe 23.1.1, 23.1.2: Im Verhältnis der Gesamtausgaben der öffentlichen Haushalte von ca. 1 Billion € beträgt der Posten der „Öffentlichen Sicherheit und Ordnung, Rechtsschutz" 33 Milliarden, mithin ca. 3,3 %. Davon sind gemäß Zahlenreihe 23.4.3 im Bereich Öffentliche Sicherheit und Ordnung Personalkosten von 15,7 Milliarden €, im Bereich Rechtsschutz Personalkosten von 6,5 Milliarden € zu verzeichnen. Da damit nur ¼ der Kosten für den Bereich Rechtsschutz anfallen, ist davon auszugehen, dass sich dieser Bereich (bei angenommenen gleich proportionalen Sachkosten) für weniger als ¼ von 3,3 %, mithin für weniger als 1 % der Gesamtausgaben des Staates verantwortlich zeichnet.

cher Gerichtsentscheidungen unverzichtbar ist. Einer partiellen Verlagerung der Streitentscheidungsaufgabe von der Justiz auf das Notariat ist deshalb mit großer Skepsis zu begegnen. Die Entscheidung von Rechtsstreitigkeiten gehört nicht nur verfassungsrechtlich zum Kernbereich der Aufgaben staatlicher Gerichte (Art. 92 GG),[12] sondern erweist sich auch aus funktionaler Sicht als unverzichtbar.

Die Privatisierungsbemühungen im Bereich der Zivilrechtspflege sind somit von vornherein auf solche Materien zu konzentrieren, die ohne Schaden für die Konkretisierung und Fortbildung des Rechts privatisiert werden können. Diese Bedingungen sind naturgemäß vor allem in den Gebieten der freiwilligen Gerichtsbarkeit erfüllt, weil es dort nicht nur und nicht primär um die Entscheidung streitiger Rechtsfragen geht, sondern um die Ordnung der Rechtsverhältnisse der Parteien durch eine Justizbehörde. Die gegenwärtig geführte Debatte konzentriert sich somit zu Recht auf Nachlassangelegenheiten, das Scheidungsverfahren und das Registerwesen.

III. Verlagerung von Aufgaben des Nachlasswesens auf Notare

1. Optionen

Im Mittelpunkt der aktuellen Diskussion um eine Aufgabenverlagerung auf Notare steht das Nachlasswesen und dort insbesondere die Umsetzung des in einer Verfügung von Todes wegen geäußerten Erblasserwillens. In der seit einigen Jahren geführten Diskussion werden, jeweils mit Nuancen im Einzelnen, zwei Optionen diskutiert, und zwar unter den Etiketten „große Lösung“ und „kleine Lösung“.

Bei der *großen Lösung* würde der Notar an die Stelle des Nachlassgerichts erster Instanz rücken und dessen Aufgaben mehr oder weniger komplett übernehmen.[13] Der Notar würde somit zuständig für folgende Angelegenheiten:

- Aufnahme von Erbscheinsanträgen (§§ 2353 ff. BGB),
- Erteilung von Erbscheinen (§ 2353 BGB, § 352 FamFG),
- Aufbewahrung der Verfügungen von Todes wegen (§§ 344 ff. FamFG),
- Testamentseröffnung (in alleiniger Zuständigkeit) (§§ 348 ff. FamFG),

12 Dreier GG/Schulze-Fielitz, 2. Aufl. 2008, Art. 92 Rdnr. 17 ff.

13 Eine solche große Lösung verfolgt der Gesetzentwurf der Länder Baden-Württemberg und Sachsen (Fn. 2), der am 05.02.2010 zur Beratung in den Ausschüssen des Bundesrats eingebracht wurde (BR-Drs. 67/10). Vgl. zur großen Lösung auch Albrecht, Sonderheft der Deutschen Notar-Zeitschrift zum 27. Deutschen Notartag, 2007, 82, 83 ff.

- Bestellung und Kontrolle von Nachlasspflegern und Testamentsvollstreckern (§ 2368 BGB, § 1960 BGB, § 354 FamFG).

Bei der sog. *kleinen Lösung* blieben die Nachlassabteilungen der Amtsgerichte als solche bestehen und behielten ihre angestammten Aufgaben, jedoch würden die Notare damit betraut, die Gerichtsentscheidungen vorzubreiten.[14] Da dies selbstverständlich schon nach geltendem Recht möglich ist und auch weithin stattfindet, geht es hier lediglich darum, die Vorbereitung durch Notare exklusiv zu machen, die parallel bestehende Kompetenz des Nachlassgerichts mithin auszuschließen. Danach wären die Notare ausschließlich zuständig für folgende Aufgaben:

- Stellung der Erbscheinsanträge und Aufnahme diesbezüglich nötiger eidesstattlicher Versicherungen (§§ 2353 ff. BGB, § 2356 Abs. 2 BGB),
- Aufbewahrung der Verfügungen von Todes wegen (§ 344 ff. FamFG),
- Testamentseröffnung (§§ 348 ff. FamFG).

Praktisch bedeutsam wäre vor allem die ausschließliche Zuständigkeit des Notars für den Antrag auf Erteilung eines Erbscheins. Zur Vorbereitung eines solchen Antrags muss der Notar die Erben ermitteln und die Erbteile berechnen. Auf der rechtlichen Ebene muss der Notar ggf. das anwendbare Recht anhand des Art. 25 EGBGB ermitteln, die maßgebliche Verfügung von Todes wegen identifizieren und sodann fachgerecht interpretieren. Nicht selten erweist es sich als erforderlich, den Sachverhalt weiter aufzuklären, was der Notar mit Bordmitteln leisten muss. Schließlich sind die für den Nachweis der Erbscheinsvoraussetzungen erforderlichen Dokumente, wie etwa Geburtsurkunden, zu sammeln und dem Nachlassgericht zuzuleiten. Werden diese Aufgaben gewissenhaft ausgeführt, kann sich das Nachlassgericht in den allermeisten Fällen darauf beschränken, die von dem Notar vorbereitete Entscheidung zu fällen.

2. Prämissen einer Kosten-Nutzen-Analyse

Eine Kosten-Nutzen-Analyse wird dadurch erschwert, dass verlässliche Zahlen fehlen. Die Nachlassgerichte sind eine Abteilung der Amtsgerichte als Justizbehörden, deren Kosten genauso wenig gesondert ausgewiesen werden wie das durch die Nachlassgerichte generierte Gebührenaufkommen. Da die Justiz auf den Ebenen unterhalb der obersten Gerichtshöfe in die Zuständigkeit der Länder fällt, fehlt es zu-

14 Götte, Sonderheft der Deutschen Notar-Zeitschrift zum 27. Deutschen Notartag, 2007, 52, 56.

dem an einer bundesweiten Erfassung der Kosten der Amtsgerichte und schon an einheitlichen Berechnungsstandards. Vielmehr sind die sporadisch verfügbaren Angaben aus den einzelnen Bundesländern anhand unterschiedlicher Methoden erfasst worden. Schließlich sind die Strukturen des Notariats in den Ländern ganz verschieden.

Trotz dieser Vorbehalte lassen sich ein paar empirische Daten ermitteln. So kommt es pro Jahr in Deutschland zu 800 000 Todesfällen.[15] Die Erteilung eines Erbscheins nach § 107 KostO löst im Durchschnitt Gebühren von ca. 250 Euro aus, so dass sich ein Gesamt-Gebührenaufkommen von 200 Mill. Euro ergibt. Dabei ist noch nicht berücksichtigt, dass zu der Gebühr für den Erbschein regelmäßig noch die volle Gebühr für die Abnahme der eidesstattlichen Versicherung nach § 49 KostO hinzukommt.[16] Das Nachlasswesen ist, abgesehen von Baden-Württemberg, in allen Bundesländern bei den Amtsgerichten angesiedelt. Im Nachlasswesen sind bundesweit ca. 110 Richter, 600 Rechtspfleger und 1000 Servicekräfte tätig.[17] Insgesamt gehen im Bundesgebiet 8157 Notare ihrem Beruf nach.[18]

In der Debatte um die Verlagerung von Justizaufgaben auf das Notariat wird oft mit vordergründigen Kosten/Nutzen-Abwägungen argumentiert, die einer rationalen Analyse nicht standhalten. Die Landes-Justizminister erhoffen sich von der Aufgabenverlagerung die Einsparung von Personal und damit auch von Personalkosten. Das scheint ein handfester finanzieller Vorteil zu sein, ist es aber in Wahrheit nicht. Bei der fiskalischen Beurteilung einer möglichen Reform darf der Blick nicht auf die Personalkosten beschränkt bleiben, sondern es ist weiter zu ermitteln, welche Einnahmen mit Hilfe dieses Personals erzielt werden. Die Aufgabenverlagerung führt im Justizhaushalt nur dann zu einer Entlastung, falls der Saldo aus Einnahmen und Personalkosten negativ ist, wenn also die Kosten die Einnahmen übersteigen. Wenn man den nur vereinzelt vorliegenden Zahlen trauen darf, dann trifft auf das Nachlasswesen das glatte Gegenteil zu. Die Kostendeckungsquote der Nachlassabteilungen soll nicht weniger als 190 % betragen.[19] Die Justiz erwirtschaftet hier offenbar Überschüsse erheblichen Ausmaßes.

15 Zimmermann, ZErb 2008, 232, 233.

16 Zwischenbericht der Bund-Länder-Arbeitsgruppe „Aufgabenübertragung auf Notare", S. 53 (abrufbar unter http://www.bdr-online.de/base/bin/download.php?ID=30&pro=0).

17 Zwischenbericht (Fn.16), S. 88.

18 Notarstatistik der BNotK, abrufbar unter http://www.bnotk.de/Notar/Statistik/index.php.

19 Zahlen für Baden-Württemberg (allerdings ohne overhead-Kosten), vgl. Zwischenbericht (Fn.16), S. 37 (beachte dort allerdings auch die Einschränkung: „Welche dieser Zahlen richtig sind, muss leider offenbleiben").

Solche rein fiskalischen Berechnungen führen jedoch ohnehin in die Irre. Die Höhe der durch die Nachlassgerichte erzielten Einnahmen ist diesem Aufgabenkomplex keineswegs immanent, sondern hängt maßgeblich von der Ausgestaltung der Kostenordnungen ab. Sollte es so sein, dass das Nachlasswesen für die Justizhaushalte der Länder ein einträgliches Geschäft darstellt, müsste dies eigentlich ein Anlass für Gebührensenkungen sein. Schließlich gilt das aus dem verfassungsrechtlichen Übermaßverbot abgeleitete Äquivalenzprinzip, wonach sich die Gebühren am Aufwand orientieren müssen und diesen nicht übersteigen dürfen.[20] Die Erzielung von Überschüssen unter dem aktuell geltenden Kostenregime ist sicher kein Grund dafür, das Nachlasswesen in der Hand der Amtsgerichte zu belassen. Ein Argument zugunsten einer Privatisierung ergibt sich daraus allerdings ebenfalls nicht.

Neben dem eben zurückgewiesenen fiskalischen Argument wird in der Debatte um die Verlagerung des Nachlasswesens auf die Notare mitunter auf die Umsatzsteuer verwiesen. Würden Notare an die Stelle der Nachlassabteilungen treten, würden auf die Gebühren für ihre Dienstleistungen 19 % Umsatzsteuer fällig, was der Staat als Mehreinnahmen verbuchen könnte. Dabei wird unterstellt, die Erzielung von Einnahmen durch die öffentliche Hand sei ein Parameter für die Organisation der Justiz bzw. für die konkrete Ausgestaltung der Arbeitsteilung zwischen Gerichten und Notaren. Dabei sollte auf der Hand liegen, dass es einfachere und effektivere Wege zur Erhöhung der Steuern gibt als das Nachlasswesen zu privatisieren.

Als Zwischenergebnis bleibt festzuhalten: Eine Kosten/Nutzen-Analyse darf nicht mit der Maximierung fiskalischer Ziele verwechselt werden. Die Sanierung der Staatshaushalte ist sicher ein legitimes politisches Anliegen, doch handelt es sich dabei lediglich um einen einzigen Parameter, während die Kosten/Nutzen-Analyse die Vor- und Nachteile einer bestimmten Maßnahme – hier: Verlagerung von Aufgaben im Bereich des Nachlasswesens auf Notare – feststellen und miteinander vergleichen muss. Die Perspektive darf dabei nicht auf den Staat verengt werden, sondern die Bürger und ihre Budgets sind mit einzubeziehen. Aufgrund der Tatsache, dass es letztlich die Bürger sind, die mit ihren Zahlungen den Staat finanzieren, kommt es streng genommen ausschließlich auf die Frage an, ob die Aufgabenverlagerung für die Bürger mehr Nutzen stiften als Kosten verursachen würde. Die Antwort lässt sich offensichtlich nicht in Heller und Pfennig geben.

20 Das zugleich für die KostO geltende Kostendeckungsprinzip lässt zwar in gewissem Maße eine Quersubventionierung zu. Dies bezieht sich jedoch darauf, dass nach der degressiven Gebührenstaffelung solche Beurkundungen mit hohen Geschäftswerten solche mit niedrigen Geschäftswerten ausgleichen, sofern nur nach einer Mischkalkulation eine Kostendeckung erreicht wird, vgl. Reimann, in: Korintenberg/Lappe/Bengel/Reimann, KostO, 18. Aufl. 2010, Einf. Rdnr. 21 ff. Ein Gebührensatz, der aber auch schon bei mittlerem Geschäftswertanteil die anfallenden Kosten deutlich übersteigt, dürfte nicht darunter fallen.

Angesichts der beklagenswerten Datenlage stehen noch nicht einmal Zahlen über die Kosten der Nachlassgerichte zur Verfügung. Die Qualität der Leistungen der Nachlassgerichte hat noch niemand gemessen und in Geldeinheiten umgerechnet. Angaben über die hypothetischen Kosten der Notare und die Qualität von deren Leistungen stehen naturgemäß nicht zur Verfügung. Eine Kosten/Nutzen-Analyse ist daher nur in qualitativer Form möglich, die die quantitativen Fragen offen lassen muss. Zu diesem Zweck sind plausible Annahmen darüber zu entwickeln, zu welchen Kosten und mit welchem Qualitätsstandard Aufgaben von einer Justizbehörde erledigt werden und wie dieselben Aufgaben von einer unternehmerisch denkenden Privatperson erledigt würden. Ein Vorteil für den Bürger durch die Verlagerung des Nachlasswesens auf Notare könnte sich sodann unter zwei Aspekten ergeben:

- Auf der Nutzenseite ergäbe sich ein Argument für die Aufgabenverlagerung, wenn die Qualität der Dienstleistungen im Nachlasswesen bei konstanten Kosten oder sogar verminderten Kosten durch die Privatisierung gesteigert würde.
- Auf der Kostenseite ergäbe sich ein Argument für die Aufgabenverlagerung, wenn die Kosten des Nachlasswesens für den Bürger bei konstantem oder sogar größerem Nutzen durch die Privatisierung vermindert würden.

3. Nutzen einer Auslagerung der Aufgaben auf Notare

a) Bereits vorhandene Fachkompetenz

Schon jetzt sind die Notare für den Bürger vielfach Ansprechpartner in Erbschaftsangelegenheiten, so dass bereits erhebliche Fachkompetenz vorhanden ist. Diese ließe sich ggf. für einen vergrößerten Aufgabenkreis nutzbar machen.

Was die Auslegung letztwilliger Verfügungen angeht, so ist zu bedenken, dass die Masse der in der Praxis üblichen Formulierungsmuster von Notaren ersonnen worden ist. Die intime Kenntnis der kautelarjuristischen Praxis erleichtert das Verständnis und die Interpretation von Testamenten und anderen Verfügungen von Todes wegen. Darüber hinaus wäre von den Notaren bei komplexen Fällen eine verbesserte Beratung der Erbprätendenten zu erwarten, etwa in Richtung auf eine mögliche Teilausschlagung der Erbschaft. Dabei ist zu bedenken, dass komplexe erbrechtliche Fragestellungen heutzutage häufiger auftreten als früher, weil die Zunahme grenzüberschreitender Erbfälle infolge von Europäisierung und Globalisierung eine zusätzliche Schicht juristischer Probleme mit sich gebracht hat. Dies gilt nicht nur bei gemischt-nationalen Ehen, sondern insbesondere auch mit Blick auf deutsche Staatsbürger, die im Ausland erhebliche Vermögenswerte geschaffen haben, vom Konto in der Schweiz über die Ferienwohnung in Österreich bis zum Alterssitz auf Mallorca oder an der spanischen Südküste. Die harmlose Formulierung des Art. 25 Abs. 1

EGBGB, nach dem das Erbstatut der Staatsangehörigkeit folgt, darf über die schwierigen Probleme, die auftreten, wenn Vermögensgegenstände im Ausland belegen sind, nicht hinwegtäuschen. Vertiefte Kenntnisse im Bereich des internationalen Privatrechts und die gewandte Kommunikation mit Berufsträgern und Behörden im Ausland sind von freiberuflich tätigen Notaren zweifellos eher zu erwarten[21] als von den Rechtspflegern der Nachlassgerichte, die weder über vergleichbare Erfahrungen mit komplexen Erbfällen noch über internationale Netzwerke verfügen.

b) Kurzfristige Erledigung der Fälle

Soweit ersichtlich, wird nirgends bestritten, dass es zumindest zeitweise zu Überlastungen der Nachlassgerichte und zu dadurch verursachten Verzögerungen bei der Erledigung der Fälle kommt. Ein Grund dafür sind die Personaleinsparungen der letzten Jahre, die auch vor der Justiz nicht Halt gemacht haben. Wenn nicht schon der Rechtspfleger oder Richter überlastet ist, so ist es vielfach die Schreibstube des Gerichts, was dazu führen kann, dass auf Erbscheine mehrere Monate lang gewartet werden muss. Hierdurch wird eine zeitnahe Nachlassverteilung erschwert, wodurch den Erben hohe Schäden entstehen können, wenn etwa dringende Entscheidungen in einem Unternehmen oder über die Veräußerung von Nachlassgegenständen in einem volatilen Markt nicht getroffen werden können. Selbstverständlich brauchen auch Notare Zeit für die Erledigung ihrer Mandate, doch kann eine Freiberuflerpraxis flexibler agieren als eine staatliche Justizbehörde. Engpässe im Bereich der Personalausstattung lassen sich durch Einstellung weiterer Mitarbeiter leicht beheben, und der Berufsträger selbst wird durch sein wirtschaftliches Eigeninteresse motiviert.

c) Bürgernähe

In manchen Bundesländern haben sich die Amtsgerichte in den letzten Jahren aus der Fläche zurückgezogen. Dies geschah häufig durch Schließung von Geschäftsstellen, zum Teil auch durch die Zusammenlegung von Amtsgerichtsbezirken.[22] Hierdurch haben sich gerade in ländlichen Gegenden die Anfahrtswege für die Parteien – und eben auch für mögliche Erben – deutlich verlängert. Die Notare dagegen

21 Albrecht, Sonderheft der Deutschen Notar-Zeitschrift zum 27. Deutschen Notartag, 2007, 82, 84.

22 Vgl. zuletzt für Bayern Albrecht, Sonderheft der Deutschen Notar-Zeitschrift zum 27. Deutschen Notartag, 2007, 82, 83.

sind auch in der Fläche präsent und bieten sich insofern dem rechtsuchenden Bürger räumlich näher an.

Dieses Argument streitet allerdings nicht für die gänzliche Übertragung von Aufgaben der Nachlassgerichte auf die Notare. Eine größere Bürgernähe ließe sich bereits dadurch gewährleisten, dass den Notaren konkurrierende Zuständigkeiten neben den Nachlassgerichten eingeräumt würden.

4. Probleme und Gefahren der Aufgabenübertragung

a) Organisation/Zuständigkeit

Werden Aufgaben in die alleinige Zuständigkeit des Notars gegeben, so sind eine Reihe von Organisations- und Verfahrensfragen zu entscheiden. Zunächst ist zu entscheiden, welchen Regeln die Zuständigkeitsverteilung unter den Notaren folgen soll. Zur Wahl stehen das Prioritätsprinzip und der Geschäftsverteilungsplan.

Unter dem Prioritätsprinzip (oder Recht des ersten Zugriffs) ist derjenige Notar für eine bestimmte Nachlasssache zuständig, der als Erster mit der Sache befasst wird.[23] Vorbild für eine solche Lösung wäre § 261 Abs. 3 Nr. 1 ZPO. Für die Erbprätendenten hätte dies den Vorteil, dass sie sich an den Notar ihres Vertrauens wenden könnten. Problematisch wird es jedoch, wenn der Erblasser mehrere Verfügungen von Todes wegen verfasst hat, so dass verschiedene Notare mit demselben Erbfall befasst werden könnten und womöglich zwei divergierende Erbscheine ausgestellt würden. Dieses Risiko wäre in den Griff zu bekommen, und zwar durch Einführung eines zentralen Registers, in dem die erstmalige Befassung eines Notars mit einem bestimmten Erbfall vermerkt würde. Erst die Eintragung in dieses Register würde dann die Anhängigkeitssperre entsprechend § 261 Abs. 3 Nr. 1 ZPO auslösen. Können sich mehrere Erbprätendenten nicht auf einen Notar einigen, wäre ein Gericht darum zu ersuchen, den zuständigen Notar zu bestimmen. Ein Vorbild für diesen

23 Der aktuelle Gesetzesentwurf der Länder Baden-Württemberg und Sachsen (Fn. 2, BR-Drs. 67/10) beinhaltet ein regional begrenztes Prioritätsprinzip. Demnach ist für die Auseinandersetzung eines Nachlasses der Notar zuständig, in dessen Amtsbereich der Erblasser seinen letzten Wohnsitz hatte. Fehlt es an einem Wohnsitz im Inland, ist jeder Notar zuständig, in dessen Amtsbereich sich Nachlassgegenstände befinden. Von mehreren örtlich zuständigen Notaren ist derjenige zur Vermittlung berufen, bei dem zuerst ein auf Auseinandersetzung gerichteter Antrag eingeht. Jeder nach diesem Zeitpunkt angerufene (und damit unzuständige) Notar hat den an ihn gerichteten Antrag zurückzuweisen. Wie er von seiner Unzuständigkeit erfahren soll, regelt der Gesetzesentwurf aber nicht.

Mechanismus findet sich in § 88 Abs. 2 SachenRBerG, nach dem im Streitfall das Landgericht den zuständigen Notar bestimmt.[24]

Die Alternative zum Recht des ersten Zugriffs entsprechend dem Prioritätsprinzip ist ein Geschäftsverteilungsplan. Ein solcher Plan würde die in einem bestimmten Gerichtsbezirk auftretenden Angelegenheiten unter den dort ansässigen Notaren verteilen. In Österreich wird dies praktiziert, indem den Notaren eines Bezirks „Sterbewochen“ zugewiesen werden. Der einzelne Notar ist dann für sämtliche Erbfälle zuständig, bei denen der Erblasser innerhalb der zugeteilten Zeiträume verstorben ist.[25] Diese Verfahrensweise hat den Vorteil einer gerechten Verteilung der Nachlassfälle auf die aktiven Notare. Sie funktioniert besonders gut in ländlichen Gegenden und kleinen Städten, wo eine überschaubare Zahl von Notaren praktiziert. In Großstädten mit vielen Notaren können die Zeiträume mangelnder Zuständigkeit sehr lang werden, zumal in Gegenden mit Anwaltsnotariat.[26] Hinzu kommt, dass der Wettbewerb unter den Notaren eliminiert wird, wenn sich die Nachfrager – die Erben – den Anbieter und Vertragspartner nicht aussuchen können, sondern zugeteilt bekommen. Schließlich macht der Geschäftsverteilungsplan einen Vorteil zunichte, den die Aufgabenverlagerung auf Notare verspricht, dass nämlich die Erben einen mit den Familienverhältnissen besonders gut vertrauten Notar mit der Abwicklung des Erbfalles betrauen könnten.

b) Interessenkonflikte

Der zuletzt genannte Gesichtspunkt, dass ein mit der Familie vertrauter Notar mit der Abwicklung des Erbfalles betraut werden kann, ist ambivalent. So nützlich es ist, wenn der Notar die Familienverhältnisse und die Vorstellungen des Erblassers kennt, so gefährlich sind diese Kenntnisse, wenn die Erbfolge streitig ist. In diesen Fällen steckt der Notar möglicherweise in Interessenkonflikten: zum einen, weil er als Dienstleister für die Familie bzw. für einzelne Familienmitglieder tätig war und ist, zum anderen, weil bei der Interpretation der von dem Notar selbst aufgesetzten

24 Dazu Vossius, SachenRBerG, 1995, § 88 Rdnr. 11f.

25 Albrecht, Sonderheft der Deutschen Notar-Zeitschrift zum 27. Deutschen Notartag, 2007, 82, 85.

26 In Berlin gibt es 938 Notare, während in Städten mit Nur-Notariat wie München oder Köln jeweils ca. 80 Notare ansässig sind, vgl. Zwischenbericht (Fn.16), S. 67. Der Berliner Senat hat in seiner Sitzung vom 19.01.2010 beschlossen, die Initiative der erneuten Einbringung des bereits 2008 eingebrachten Gesetzentwurfs (Fn.2) zu unterstützen, jedoch dann von der Länderöffnungsklausel Gebrauch zu machen und die große Lösung gerade aufgrund der großen Zahl der Anwaltsnotare in Berlin nicht einzuführen, vgl. http://www.berlin.de/landespressestelle/archiv/2010/01/19/152676/.

Verfügung von Todes wegen Schwierigkeiten auftreten können, die besser von einem neutralen Dritten zu lösen wären. Zeigt sich beispielsweise, dass der Erblasserwille in dem Testament nicht einmal angedeutet ist oder dass das Testament – möglicherweise – aus materiellen oder formellen Gründen unwirksam ist, so steht die eigene Haftung des Notars im Raum. Erben oder Vermächtnisnehmer, die aufgrund unwirksamer oder fehlerhaft formulierter letztwilliger Verfügungen – entgegen der Intention des Erblassers – leer ausgehen, können unter Umständen einen Amtshaftungsanspruch gegen den Notar geltend machen.[27] Diese Rechtslage steht dem Notar vor Augen, und sie bietet einen Anreiz dafür, das Testament auch dort zum Wohle der Erbprätendenten zu interpretieren, wo dies *lege artis* eigentlich nicht möglich ist. In diesem Fall müsste sich ein Notar, der als funktionales Nachlassgericht agiert, für befangen erklären.

Die beschriebenen Gefahren sind nicht bloß theoretischer Natur. Bereits nach geltendem Recht ist der Notar nicht nur zur Verschwiegenheit berechtigt, sondern gemäß § 18 BNotO dem Mandanten gegenüber auch verpflichtet. Dies betrifft sämtliche Informationen, die ihm bei der Ausübung seines Amtes bekannt geworden sind. Der Gesetzgeber geht offenbar davon aus, dass der Notar in Interessenkonflikte geraten kann, wenn über den Inhalt einer von ihm beurkundeten Erklärung Streit entsteht.[28] Wenn dem aber so ist, dann ist es problematisch, den „Familiennotar", der die Verfügung von Todes wegen beurkundet hat, mit der Abwicklung des Erbfalles zu befassen. Nicht ohne Grund wird es schon nach derzeit geltendem Recht als „bedenklich" bezeichnet, wenn ein Berufsträger die Rolle eines „Hausnotars" spielt.[29]

Dem Anwaltsnotar, der nach einer von ihm durchgeführten Beurkundung in derselben Angelegenheit als Interessenvertreter einer Partei auftreten will, verbietet dies in vollem Umfang bereits das anwaltliche Standesrecht nach § 45 Abs. 1 Nr. 2 BRAO sowie das notarielle Standesrecht nach §§ 1, 14 BNotO.[30] Diese Regeln schützen das Vertrauen des Bürgers in die Stellung des Notars als unabhängiger Träger eines öf-

27 BGH in ständiger Rspr., vgl. BGH DNotZ 1958, 554.

28 Zwar wird vertreten, dass die Erben als Rechtsnachfolger den Notar zumindest in vermögensrechtlichen Fragen von seiner Schweigepflicht entbinden können, vgl. hierzu Kanzleiter, in: Schippel/Bracker, BNotO, 8. Aufl. 2006, § 18 Rn. 7, 52. Wenn es jedoch gerade um die Ermittlung der rechtmäßigen Erben geht, hilft diese Befugnis nicht weiter. Dann verbleibt nur noch die Befreiung durch den LG-Präsidenten als Aufsichtsbehörde gemäß § 18 Abs. 2 BNotO.

29 So ausdrücklich Ganter, in: Limmer/Hertel/Frenz/Mayer, Würzburger Notarhandbuch, 2005, Rdnr. 1342.

30 Schäfer, in: Schippel/Bracker, BNotO, 8. Auflage 2006, § 16 Rdnr. 94 ff.

fentlichen Amtes (§ 1 BNotO), sowie als unparteiischer Interessenwahrer beider Beteiligten (§ 14 Abs. 1 S. 2 BNotO).[31]

Auf dieser normativen Basis lässt sich ein Erst-Recht-Schluss ziehen: Wenn der Notar in einer Sache, in der er selbst eine Beurkundung vorgenommen hat, schon nicht einseitig als Interessenvertreter für eine Partei tätig werden darf, so kann ihm erst recht nicht die Aufgabe der Verfahrensleitung und die Streitentscheidung übertragen werden.[32] Hier muss sich der Notar der Ausübung seines Amtes enthalten (§ 16 Abs. 2 BNotO).

Noch problematischer wird die Situation, wenn der Notar kommerzielle Beziehungen zu einem der Erbprätendenten unterhält und dieser mehr oder weniger offen damit droht, seine Angelegenheiten fortan von einem anderen Notar erledigen zu lassen.[33] Solche Situationen können einen Freiberufler, der seinen Lebensunterhalt verdienen muss, in sehr heikle Konflikte stürzen.

Daher müssten bei Einführung der großen Lösung, in deren Rahmen der Notar als funktionales Nachlassgericht agiert, zumindest die Befangenheits-Regeln des § 6 FamFG, der auf die §§ 41 bis 49 ZPO verweist, für anwendbar erklärt werden. Eine solche Lösung würde dem Umstand Rechnung tragen, dass das Verfahren vor dem Notar in diesem Fall Ähnlichkeit mit dem streitigen Gerichtverfahren hätte.[34] Zudem sollte es die Möglichkeit geben, bei Zweifeln an der Neutralität eines Notars das Gericht anzurufen.[35]

c) Fachkompetenz

Die Prämisse, ein Notar könne Nachlassangelegenheiten besser und schneller erledigen als ein Amtsgericht, ist oben damit begründet worden, Notare verfügten über

31 OLG Köln, DNotZ 1963, 631, 632. Dem Anwaltsnotar ist es weiter verwehrt, sich selbst im Gerichtsprozess bei Streitigkeiten über die Auslegung einer von ihm beurkundeten notariellen Urkunde als Zeugen zu benennen, BGHZ 50, 226.

32 Vgl. auch LG Stuttgart, Beschluss v. 26.01.2009, Az. 1 AR 1/09 zur Bestätigung eines Selbstablehnungsgesuchs aufgrund der Besorgnis der Befangenheit eines württembergischen Amtsnotars als Grundbuchrichter bei vorausgegangener Tätigkeit als Urkundsnotar bei einem Grundstückskaufvertrag.

33 Hierzu Zwischenbericht (Fn.16), S. 67.

34 im Bereich des SachenRBerG, wo der Notar eine Schlichterposition innehat, wird dies ebenso gehandhabt, vgl. Vossius, SachenRBerG, 1995, Vor § 87 Rdnr. 44.

35 Im Schiedsverfahrensrecht ist eine solche Ablehnung eines Schiedsrichters durch Entscheidung des Gerichts gem. §§ 1037 f. ZPO möglich.

eine größere Erfahrung bei der Bewältigung komplexer Erbfälle, insbesondere solcher mit Auslandsberührung. Diese Begründung trifft womöglich nicht überall zu. Besonders plausibel erscheint sie mit Blick auf Nur-Notariate in Großstädten, besonders brüchig ist sie in ländlichen Gegenden mit geringem Durchschnittseinkommen sowie in den Provinzen des Anwaltsnotariats, in denen die Notardichte hoch ist.

Der Punkt ist nicht, dass Anwaltsnotare „schlechtere" Arbeit leisteten als Nur-Notare, sondern es geht um praktische Erfahrungen mit komplexen Erbfällen. Bei sog. Zwergnotariaten ist es oftmals schon aufgrund der geringen Zahl der Fälle kaum möglich, eine gewisse Spezialisierung und den damit verbundenen hohen Kenntnisstand zu garantieren.[36] Sollen, wie bei der großen Lösung, die Notare die Erbscheine ausstellen, mithin also über komplexe Sachverhalte eine verbindliche Entscheidung treffen, so kann dies vor dem Hintergrund der Gutglaubensfunktion des Erbscheins zu Risiken im Geschäftsverkehr führen. Eine erhöhte Fehlerquote bei Erbscheinen aufgrund fehlender Spezialisierung in Nachlasssachen führt zu einer höheren Zahl von Rechtsmittelverfahren und damit zu insgesamt höheren Kosten.[37]

Immerhin erscheint Abhilfe möglich. Eine Möglichkeit bestünde darin, Notare mit nachgewiesen breiter Praxis im Bereich des Nachlasswesens auszuwählen und mit den Aufgaben der heutigen Nachlassgerichte zu betrauen.[38] Hier müssten die zuständigen Selbstverwaltungskörperschaften Maßstäbe entwickeln und die Auswahl durchführen.

d) Erkenntnisverfahren vor dem Notar?

Die sog. große Lösung würde den Notar nicht nur mit der Vorbereitung von Erbscheinsanträgen betrauen, sondern das Verfahren auf Erteilung eines Erbscheins selbst auf den Notar verlagern. In diesem Fall müsste der Notar nicht nur den Sachverhalt umfassend aufklären, um die von ihm für maßgeblich erachteten Tatsachen mit dem Erbscheinsantrag dem Gericht vorzulegen, sondern er müsste in streitigen Fällen die maßgeblichen Tatsachen feststellen. Darüber hinaus hätte der Notar streitige Rechtsfragen zu entscheiden, ganz so, wie es sonst das Nachlassgericht tun

36 Zu teils hohen Beanstandungsquoten und vierfach höheren Haftpflichtfällen im Bereich des Anwaltsnotariats v.Münch/Kunig, GG, 5. Aufl. 2003, Band 3, Art. 138 Rdnr. 16; Umbach/Clemens, GG, 2002, Band II, Art. 138 Rdnr. 34.

37 Vgl. Zwischenbericht (Fn.16), S. 67 mit weiteren Nachweisen.

38 Der aktuelle Gesetzesentwurf der Länder Baden-Württemberg und Sachsen (Fn.2), BR-Drs. 67/10), würde, sofern ein Land von der Länderöffnungsklausel (Artikel 1) Gebrauch macht, auch weitere ergänzende Zuständigkeitsregeln durch Landesrecht zulassen.

würde. Solche Entscheidungen über streitige Tatsachen und Rechtsfragen müssten auf eine Weise vorbereitet werden, die den anspruchsvollen Standards des Rechtsstaatsprinzips gerecht wird. Der Notar hätte ein Erkenntnisverfahren durchzuführen und die dabei maßgeblichen Anforderungen an Vortrag, Fristen, Dokumentenvorlage, Zeugeneinvernahme und Beweisaufnahme im Übrigen zu beachten.[39] Die Durchführung von Erkenntnisverfahren in Rechtsstreitigkeiten ist eine komplexe Aufgabe, für die die Notare bisher nicht gerüstet sind.

Zwar lässt sich mit Blick auf das BeurkG durchaus von einem Notar-Verfahrensrecht sprechen, von einem voll entwickelten Erkenntnisverfahren zur Feststellung streitiger Tatsachen und zur Entscheidung streitiger Rechtsfragen kann jedoch nicht die Rede sein.[40] Eine unmittelbare Übertragung des von der ZPO geschaffenen Korpus an Regeln zum Erkenntnisverfahren ist kaum möglich. Mithin wäre ein eigenständiges Notar-Erkenntnisverfahrensrecht zu entwickeln – ein erheblicher Aufwand nur für den Zweck der Erledigung streitiger Erbscheinsanträge. Darüber hinaus müssten die Notare eine Art „Geschäftsstellenbetrieb" einrichten, dem die Ladungen, die Entschädigung von Zeugen- und Sachverständigen und andere administrative Aufgaben rund um die Streitentscheidung obläge. Die dafür aufzuwendenden Kosten wieder einzuspielen, dürfte nur größeren Notariaten gelingen.

5. Schlussfolgerungen

Die vorstehende Analyse der Vor- und Nachteile einer Übertragung von Aufgaben im Bereich des Nachlasswesens hat die Differenzierung zwischen Streitentscheidung und Justizdienstleistung bestätigt. Das Notariat ist keine geeignete Instanz zur Entscheidung von Rechtsstreitigkeiten. Es fehlt an einem Erkenntnisverfahrensrecht für Notare, es mangelte an der Öffentlichkeit des Verfahrens und an der Publizität der Entscheidung.

Hinzu kommt, dass es zwar vielfach attraktiv erscheint, einen mit den Familienverhältnissen durch vorherige Beauftragung bereits vertrauten Notar mit der Feststellung der Erbteile und der Ausstellung eines Erbscheins zu befassen. Über die damit verbundenen Effizienzvorteile darf allerdings nicht übersehen werden, dass die Vertrautheit des Notars mit einzelnen Familienmitgliedern und mit deren geschäftlichen Aktivitäten und wirtschaftlichen Interessen den bösen Schein der Befangenheit her-

39 Vgl. hierzu auch Zwischenbericht (Fn.16). S. 64.

40 Übertrieben daher Wolfsteiner, in: MünchKommZPO, 3. Aufl. 2007, § 794 Rdnr. 139: „Das Verfahren zur Errichtung einer vollstreckbaren Urkunde ist ein Erkenntnisverfahren, das letztlich die gleichen Ziele verfolgt wie das der Bücher 2 bis 7 der ZPO."

vorrufen kann. Das Notaramt, wie man es bisher verstanden hat, ist somit als Streitentscheidungsinstanz ungeeignet.

Die Domäne des Notariats liegt im Bereich der Justizdienstleistungen, die von zwar öffentlich-rechtlich gebundenen, aber freiberuflich tätigen und unternehmerisch denkenden Amtsträgern effizienter wahrgenommen werden können als von Justizbehörden. Deshalb ist es kein Wunder, wenn schon heute vielfach die Erben nicht nur die für den Erbscheinsantrag gemäß § 2356 II BGB erforderlichen eidesstattlichen Erklärungen, sondern die gesamte Vorbereitung des Erbscheinsantrags beim Notar erledigen lassen. In der Tat erscheint der Notar bestens dafür geeignet, die Entscheidung des Nachlassgerichts vorzubereiten, insbesondere die nötigen Dokumente zusammenzustellen, eidesstattliche Erklärungen abzunehmen und in komplexen Fällen, insbesondere solchen mit Auslandsberührung, die damit verbundenen Rechtsfragen aufzuarbeiten. Mit einer solchen Arbeitsteilung würde den Nachlassgerichten die Möglichkeit gegeben, sich auf ihre Kernaufgaben zu konzentrieren, nämlich in streitigen Fällen Recht zu sprechen. Dies ist auch im Sinne der Bürger, die davon profitieren würden, wenn die Justiz frei werdende Kapazitäten dazu nutzen könnte, anhängige Rechtsstreitigkeiten schneller abzuwickeln.

Auf der Grundlage der Unterscheidung zwischen Justizdienstleistung und Streitentscheidung spricht viel dafür, den Notaren die Aufgabe der Erbscheinserteilung in Konsensfällen zu übertragen. Wenn zwischen den Erbprätendenten kein Streit über die Verteilung des Nachlass besteht und keine widersprechenden Anträge gestellt werden, so wäre es eine Verschwendung von Justizressourcen, wenn zusätzlich zu dem Notar auch ein Rechtspfleger mit dem Fall befasst würde.

Dieses Ergebnis stimmt grundsätzlich mit dem vorgeschlagenen Art. 98a GG überein, der den Gesetzgeber dazu ermächtigen würde, Aufgaben der freiwilligen Gerichtsbarkeit auf Notare zu verlagern (Art. 98a S. 1 des Entwurfs), nicht aber solche der Rechtsprechung (Art. 98a S. 2 des Entwurfs).[41] Für die Verlagerung nichtstreitiger Erbscheinsverfahren auf den Notar bedarf es indessen keiner Verfassungsänderung. Eine verfassungsrechtliche Klarstellung, dass Art. 33 Abs. 4 GG der Übertragung hoheitlicher Aufgaben auf Notare nicht entgegen steht, ist überflüssig, weil die Notare ohnehin ein öffentliches Amt wahrnehmen (§ 1 BNotO) und schon jetzt als Beliehene Hoheitsgewalt ausüben. Art. 33 Abs. 4 GG steht dem nicht entgegen und vermag deshalb auch nicht die Erweiterung des Kreises notarieller Aufgaben zu verhindern. Mit Blick auf Art. 98a S. 2 des Entwurfs ist daran zu erinnern, dass es sich bei Entscheidungen in streitigen Erbscheinsverfahren um Rechtspre-

41 BR-Drs. 44/10 und 108/08, Art. 98a GG: „Angelegenheiten der freiwilligen Gerichtsbarkeit können durch Gesetz auf Notare übertragen werden. Art. 92 GG bleibt unberührt".

chung im funktionalen Sinn, nämlich um die verbindliche Entscheidung eines Rechtsstreits handelt,[42] wenn auch nicht um die verbindliche Feststellung des Erbrechts.[43] Bei einer Zuständigkeit der Notare auch in streitigen Erbscheinsverfahren bliebe Art. 92 GG also doch nicht "unberührt".

6. Anhang: Aufbewahrung von Testamenten

Die Aufbewahrung von Testamenten wirft Fragen auf, die zum Problemkreis der öffentlichen Register gehören, der noch allgemein zu diskutieren sein wird.[44] Was speziell die Aufbewahrung öffentlicher Testamente anlangt, so obliegt diese Aufgabe gegenwärtig den Amtsgerichten (§ 344 Abs. 1 FamFG). Übernähmen die Notare die Aufbewahrung, würden die Amtsgerichte erheblich entlastet, und zwar im wahrsten Sinne des Wortes. Die Massen an Akten und Papier würden einzelne Notare aber vor erhebliche Platzprobleme stellen. Diese wären auch nicht leicht zu lösen, weil die Lagerung von Urkunden besonderen Sorgfalts- und Sicherheitsstandards genügen muss. In jedem Fall würde eine Verlagerung der Aufbewahrung auf die einzelnen Notare einen Dezentralisierungsschub auslösen, der die Gesamtkosten in die Höhe treiben dürfte.

Wenn überhaupt, dann kommt als aufbewahrende Stelle nicht der einzelne Notar, sondern die zuständige Notarkammer in Frage.[45] Dort könnten die Lagerbestände der im Bezirk liegenden Amtsgerichte zusammen geführt und gemeinsam verwaltet werden. Angesichts der erheblichen Mobilität der heutigen Bevölkerung vorzugswürdig wäre allerdings die Schaffung eines zentralen Testamentsregisters für das gesamte Bundesgebiet. Dabei wäre darauf zu achten, dass zumindest das Inhaltsverzeichnis – am besten aber das gesamte Register – in elektronischer Form geführt wird, so dass jeder Notar im Bundesgebiet von seinem Arbeitsplatz aus feststellen kann, ob der Erblasser ein Testament errichtet hat. Dies hätte auch den erfreulichen Nebeneffekt, dass bereits zu Lebzeiten des Erblassers der Proliferation letztwilliger Verfügungen entgegengewirkt würde. Denn tauchen erst nach dem Tod des Erblassers mehrere Verfügungen von Todes wegen auf, die sich nur teilweise widersprechen, ist aufgrund des § 2258 BGB eine aufwendige koordinierende Auslegung der

42 Zum funktionalen Rechtsprechungsbegriff des Art. 92 GG BVerfG, BVerfGE 7, 183, 188 f.; 31, 43, 46; BVerfG, NJW 2001, 1048, 1052; NJW 2004, 2725, 2726.

43 Schilken, in: Staudinger-BGB (2004), § 2353 Rn. 6 ff.

44 Unten, V.

45 Scholz, Sonderheft der Deutschen Notar-Zeitschrift zum 27. Deutschen Notartag, 2007, 26, 33.

Testamente nötig,[46] was regelmäßig zu unnötigen und kostspieligen Streitigkeiten Anlass gibt. Kann der Notar schon im Zeitpunkt der Testamentserrichtung die Existenz früherer letztwilliger Verfügungen erkennen, kann er die Verfügungen ex ante – zu Lebzeiten des Erblassers – aufeinander abstimmen und auf diesem Wege dem Erblasserwillen optimal Rechnung tragen.

Alternativ zu einer staatlichen Behörde könnte ein solches Register von der Bundesnotarkammer betrieben werden. Es ließe sich dann optimal auf die Kommunikationsbedürfnisse und –routinen der Notare einstellen. Die Bundesnotarkammer führt derzeit bereits das Vorsorge-Register für Vorsorge-Vollmachten und sollte dazu in der Lage sein, auch ein Testamentsregister zu schultern.[47]

Eine solche Lösung hätte den handfesten Vorteil, dass damit zugleich die bisher beim Amtsgericht Berlin-Schöneberg angesiedelte Hauptkartei für Testamente im Ausland geborener Staatsbürger übernommen und in das allgemeine Testamentsregister eingegliedert werden könnte. Damit ließe sich ohne nennenswerte Mehrkosten eine effiziente Verwaltung dieser Informationen sicherstellen. Die derzeitige Organisationsform bindet viele dringend benötigte Ressourcen bei der Berliner Justizverwaltung und hat für die Betroffenen anstößig lange Wartezeiten zur Folge, weil die Anfragen oft erst nach Monaten beantwortet werden.

IV. Familiensachen

1. Überblick

Im Bereich der Familiensachen ist über eine stärkere Einbeziehung der Notare nachgedacht worden, um die Gerichte zu entlasten. Dabei stehen wiederum Optionen verschiedener Reichweite zur Debatte, wobei neben einer „großen" und einer „kleinen" auch „mittlere" Lösungen denkbar sind. Die große Lösung würde darin bestehen, die Scheidung in einvernehmlichen Fällen durch den Notar, ohne Einschaltung eines Richters, vornehmen zu lassen.[48] Bei der mittleren Lösung würde die Vorbereitung der einverständlichen Scheidung in die Hände des Notars gelegt, während der Scheidungsausspruch selbst dem Gericht vorbehalten bliebe. Die kleine Lösung würde sich damit begnügen, der Gerichtsverhandlung in Scheidungssachen eine Art „Mediation" durch den Notar vorzuschalten, in der versucht würde, zu einer gütlichen Einigung zu gelangen.

46 Zu deren Schwierigkeit Hagena, in: MünchKomm-BGB, 5. Aufl. 2010, § 2258 Rdnr. 3, 6 f.
47 Vgl. www.vorsorgeregister.de.
48 Vgl. dazu Wagner, FS Schlosser, 2005, S. 1025, 1048.

2. Große Lösung

Bei der großen Lösung würden die Gerichte in bedeutendem Maße entlastet, da nunmehr der Notar bei einvernehmlicher Scheidung die einzig zu befassende Instanz wäre. Dies brächte von allen Optionen den wohl größten Effizienzgewinn, da damit keine Verdopplung der Verfahren verbunden wäre, sondern nur eine einzige Stelle beschäftigt würde. Die komplette Ersparnis der Gerichtskosten wäre ein bedeutender Anreiz für die Parteien, sich tatsächlich in allen streitigen Fragen zu einigen.

Konsequenterweise müssten sämtliche Scheidungsfolgen vor dem Notar zu regeln sein, da ansonsten der durch § 137 FamFG hergestellte Scheidungsverbund auseinander gerissen würde. Dies würde zugleich bedeuten, dass der Notar die Scheidung nicht aussprechen könnte, bevor nicht über alle Folgesachen Einigung erzielt wurde. Die Erledigung sämtlicher Folgesachen durch den Notar wäre allerdings nur bei kinderlosen Ehen denkbar bzw. bei solchen Ehen, in denen die Kinder bereits erwachsen sind, so dass keine Sorgerechts- und Umgangsfragen zu klären wären. Stehen die Sorge- und Umgangsangelegenheiten minderjähriger Kinder zur Regelung an, fehlt den Ehegatten die notwendige Dispositionsmacht, um eine Lösung mit Hilfe des Notars „auszuhandeln“.[49] In solchen Fällen ist die Entscheidung durch ein staatliches Gericht unverzichtbar, während der Anspruch auf Kindesunterhalt auch von einem Notar erledigt werden könnte.[50]

In dem so gesteckten Rahmen wäre die Stärkung der Rolle des Notars durchaus vorstellbar. Da das notarielle Scheidungsverfahren auf solche Materien begrenzt bliebe, über die die Ehegatten disponieren können und über deren Regelung sie Einvernehmen erzielt haben, würde der Notar nicht in die Rolle eines Streitentscheiders mit richterähnlicher Funktion gezwungen, die ihm nicht zukommt.[51] Vielmehr bliebe er auf die Rolle als Justizdienstleister beschränkt, der die Rechtsangelegenheiten der Parteien mit deren Einverständnis regelt.

Der so umrissenen großen Lösung stehen allerdings gewichtige Einwände entgegen. Aus verfassungsrechtlicher Sicht erscheint es problematisch, dass zunächst keinerlei gerichtliche Kontrolle stattfände.[52] Weiter könnte auch die Gefahr entstehen, dass der wirtschaftlich schwächer stehende Ehepartner bei den Verhandlungen übervorteilt würde, wenn auch noch im Rahmen des rechtlich Möglichen. Dieses Argument basiert auf der Prämisse, dass die Gefahr der Übervorteilung eines Ehegatten bei ei-

49 Wagner, FS Schlosser, 2005, S. 1025, 1044 ff.
50 Wagner, FS Schlosser, 2005, S. 1025, 1042 ff.
51 Eingehend oben, II.
52 Zu den verfassungsrechtlichen Problemstellungen vgl. Zwischenbericht (Fn.16), S. 8 ff.

nem notariellen Scheidungsverfahren größer ist als bei der einverständlichen Scheidung vor einem staatlichen Richter. Insbesondere bei der Befassung sog. „Familiennotare", die möglicherweise eine langjährige Geschäftsbeziehung mit dem wirtschaftlich potenteren Ehegatten pflegen, ist diese Prämisse nicht als gänzlich unplausibel von der Hand zu weisen. Die Bedenken verstärken sich, wenn die Ehegatten das notarielle Scheidungsverfahren ohne anwaltlichen Beistand durchführen können, wovon sie angesichts der Chance zur Einsparung erheblicher Kosten in aller Regel auch Gebrauch machen würden.[53] Zwar wäre es denkbar, das Verfahren vor dem Notar dem Anwaltszwang zu unterwerfen, doch damit wären die Kostenvorteile eines notariellen Scheidungsverfahrens wieder dahin, zumal der jetzige Rechtszustand in nicht-streitigen Fällen die Scheidung bei Beteiligung nur eines Rechtsanwalts erlaubt (§§ 114 Abs. 4 Nr. 3, 134 FamFG).[54]

Die vorstehenden Gegenargumente ließen sich entkräften, wenn der Notar die volle Gewähr für die Fairness der Scheidungsfolgenvereinbarung übernehmen könnte und ein hinreichend starker Anreiz dafür bestünde, dieser Verpflichtung zu entsprechen. An dieser Stelle ist überlegenswert, ob nicht eine ausreichende Verhaltenssteuerung bereits durch die Belehrungspflichten und Haftungsandrohungen des geltenden Rechts erzeugt wird. So statuiert § 19 BNotO eine Haftungsandrohung für den Fall, dass der Notar seine Amtspflichten verletzt, zu denen zuvörderst die Pflichten zur Unabhängigkeit (§ 1 BNotO) und zur Unparteilichkeit (§ 14 Abs. 3 BNotO) gehören.[55] Darüber hinaus enthält § 17 BeurkG das Gebot, dafür Sorge zu tragen, dass unerfahrene und ungewandte Beteiligte nicht benachteiligt werden. Ist eine vom Notar zu beurkundende Vereinbarung aus tatsächlichen Gründen für einen Beteiligten wirtschaftlich nachteilig, so trifft den Notar eine erweiterte Belehrungspflicht.[56] Hieraus hat die Rechtsprechung eine Pflicht zur Schadensverhinderung abgeleitet: Erkennt eine vor dem Notar erschienene Partei nicht, dass ihr im Hinblick auf die in Aussicht genommene Gestaltung der Vereinbarung Schaden droht, muss der Notar einschreiten und die Partei über die entsprechenden Risiken aufklären.[57] Diese erweiterte Belehrungspflicht greift zwar nur in Ausnahmefällen ein; gerade in Scheidungsangelegenheiten, bei denen zumindest einer der Ehepartner regelmäßig rechtlich ungewandt ist, dürfte jedoch ein solcher Ausnahmefall vorliegen. In einer Welt, in der keine gerichtliche Kontrolle der Scheidungsfolgenvereinbarung mehr stattfindet, ist sie unverzichtbar. Verletzt der Notar diese Betreuungs- und Belehrungspflichten, hat er der benachteiligten Partei den eingetretenen Schaden zu ersetzen. Diese Haftungsandrohung „ex post" sollte ausreichen, die notwendigen Anreize zu

53 Born, FamRZ 2006, 829, 833 ff.
54 Vgl. Löhnig, in: Bork/Jacoby/Schwab, FamFG, 2009, § 114 Rdnr. 11.
55 Schramm, in: Schippel/Bracker, BNotO, 8. Aufl. 2006, § 19 Rdnr. 10, 13 ff.
56 Ganter, in: Limmer/Hertel/Frenz/Mayer, Würzburger Notarhandbuch, 2005, Rdnr. 1411.
57 Armbrüster, in: Armbrüster/Preuß/Renner, § 17 BeurkG, Rdnr. 8 f.

sorgfältiger Aufgabenwahrnehmung „ex ante“ zu generieren. Dies gilt jedenfalls für Fälle, in denen beide Ehegatten die Scheidung wollen, keine Sorge- und Umfangsfragen betreffend minderjähriger Kinder zu regeln sind und die Parteien sich vor dem Notar über die Ordnung der Scheidungsfolgen einigen können.

3. Mittlere Lösung

Nach der mittleren Lösung würde es zwar dabei bleiben, dass der Richter die Scheidung ausspricht. Das Verfahren würde jedoch dadurch vereinfacht, dass der Notar das vom Gericht auszusprechende Scheidungsurteil umfassend vorbereitet, insbesondere eine Einigung über sämtliche Scheidungsfolgen herbeiführt. Das Gericht hätte dann nur noch die vom Notar entworfene Ordnung der Folgesachen „abzustempeln“, wenn es die Scheidung ausspricht.

Eine solche mittlere Lösung hatte § 143 des Referentenentwurfs zum FGG-ReformG[58] 2006 vorgeschlagen. Demnach sollte das Scheidungsverfahren vor dem Richter vereinfacht und im Gegenzug die bereits seit einiger Zeit mögliche notarielle Scheidungsfolgenvereinbarung aufgewertet werden. In denjenigen Fällen, in denen sich die Ehegatten einer kinderlosen Ehe über die Scheidung als solche einig sind, sollten sie unter vermittelnder Hilfe eines Notars versuchen können, eine Einigung auch über die Scheidungsfolgesachen, mithin über Unterhalt, Ehewohnung und Hausrat, zu erzielen.[59]

Das eben skizzierte Modell kann nicht von allein funktionieren, weil die Aushandlung einer Scheidungsfolgenvereinbarung mit Hilfe des Notars und die Beurkundung des Ergebnisses Kosten verursacht, die zu den Gebühren des gerichtlichen Scheidungsverfahrens hinzukommen. Warum sollten Parteien den Weg einer kostspieligen notariellen Scheidungsfolgenvereinbarung gehen, wenn sie eine Regelung der Scheidungsfolgen zu gleichen oder geringeren Gebühren von dem staatlichen Gericht erhalten können? – Dieses Problem hatte der Referentenentwurf zum FamFG gesehen und auf überzeugende Weise gelöst: Die nötigen Anreize für die Nutzung der notariellen Scheidungsfolgenregelung sollten dadurch generiert werden, dass im anschließenden Scheidungsverfahren vor Gericht der Anwaltszwang

58 Ergänzter Referentenentwurf zum FGG-ReformG v. 14.02.2006.

59 Zu Details vgl. Ergänzter Referentenentwurf zum FGG-ReformG v. 14.02.2006, S. 77 f., 346 ff. sowie das Konzept von Meyer-Seitz, abgedruckt in FF 2006, 4 ff.

entfiel, und zwar für beide Parteien.[60] Zudem war geplant, den bisherigen Gerichtskostensatz für ein solches vereinfachtes Scheidungsverfahren zu halbieren.[61]

Der zentrale Vorteil dieser Lösung wäre gewesen, dass den Parteien ein finanzieller Anreiz vermittelt worden wäre, sich zu einigen, um hierdurch das Verfahren zu vereinfachen und die Inanspruchnahme knapper Justizressourcen zu vermindern. Mit der Verlagerung der Folgesachen aus dem Gerichtsverfahren heraus auf ein notarielles Vorverfahren wären die Etats der Familiengerichte ebenso entlastet worden wie die Haushaltsansätze für Prozesskostenhilfe. Nach verschiedenen Statistiken werden bis zu 70% der Scheidungsverfahren über Prozesskostenhilfe abwickelt, so dass gerade diese Fälle für die in den letzten Jahren zu beobachtende starke Zunahme der Prozesskostenhilfe-Etats mitverantwortlich sein müssen.[62] Die Länder, die diese Kosten zu tragen haben, drängen derzeit auf eine Reform der Prozesskostenhilfe.[63] Die stärkere Einbindung des Notariats in das Scheidungsverfahren könnte hierzu einen Beitrag leisten, der zugleich Qualitätsverluste vermeiden könnte.

Gerade das Kostenargument und dessen Wechselwirkung mit der Qualität von Justizdienstleistungen erweist sich bei näherem Zusehen allerdings als zweischneidiges Schwert. Gemäß § 17 Abs. 2 BNotO muss der Notar die Urkundstätigkeit vorläufig gebührenfrei oder gegen Ratenzahlung erbringen, wenn der Person nach Maßgabe der §§ 114 ff. ZPO Prozesskostenhilfe zu gewähren wäre. Somit wäre ein Teil der Summe, die in den Prozesskostenhilfe-Etats der Länder eingespart würde, de facto von den Notaren zu schultern. Angesichts des Umstands, dass in bis zu 70% der Scheidungsverfahren Prozesskostenhilfe gewährt wird, handelt es sich hier keineswegs um Kleinigkeiten. Da die Notare nicht nur Amtsträger, sondern auch Freiberufler sind, die Erträge erwirtschaften wollen, dürfte der Anreiz, die Scheidungsfolgesachen bedürftiger Ehegatten zu ordnen, nicht übermäßig stark sein. Entsprechend sollte man von der Qualität der dann von den Notaren zu erbringenden Ermittlungs- und Beratungsleistungen nicht zu viel erwarten. Die Scheidung von Ehen, in denen die Ehegatten wenig bis durchschnittlich verdienen, ist nun einmal kein lukratives Geschäft. Das Kostenrecht und das Familienverfahrensrecht vermögen nun einmal nichts daran zu ändern, dass in vielen gescheiterten Ehen nichts zu verteilen ist, auch

60 § 130 I 2 des Ergänzten Referentenentwurfs zum FGG-ReformG v. 14.02.2006.

61 Ergänzter Referentenentwurf zum FGG-ReformG v. 14.02.2006, S. 478: Ermäßigung der Gerichtsgebühren des Verfahrens im Allgemeinen im vereinfachten Scheidungsverfahren von 2.0 auf 1.0 gemäß Nr. 1111 des Kostenverzeichnisses Anlage 1 zu § 3 Abs. 2 FamGKG.

62 Münch, Sonderheft der Deutschen Notar-Zeitschrift zum 27. Deutschen Notartag, 2007, 93, 121.

63 Vgl. hierzu zuletzt den Gesetzentwurf BR-Drs. 250/06, der gemäß Beschluss des Bundesrats vom 12.02.2010 erneut in das Gesetzgebungsverfahren eingebracht werden soll.

nicht zugunsten derjenigen, welche die für die Scheidung notwendigen Rechtsdienstleistungen zu erbringen haben.

Die Beurteilung der mittleren Lösung muss demnach ambivalent ausfallen. Als Instrument zur Entlastung der Justiz- und Prozesskostenhilfe-Etats ist sie sicher geeignet, per Saldo wird jedoch keine echte Kosteneinsparung erreicht. Vielmehr würde ein großer Teil der Aufwendungen für Prozesskostenhilfe der Sache nach auf die Notare verlagert, die verpflichtet wären, ihre Leistungen bedürftigen Parteien gebührenfrei zur Verfügung zu stellen. An der Subventionierung armer Parteien führt offenbar kein Weg vorbei; es stellt sich nur die Frage, ob der Staat oder das Notariat die Subventionsleistungen trägt.

4. Kleine Lösung

Eine Stärkung der Rolle des Notars in Scheidungsverfahren ließe sich auf kleinem Fuße schließlich dadurch bewirken, dass ihm die Aufgabe eines außergerichtlichen Schlichters oder Mediators zugewiesen würde. Ein Vorbild für eine solch denkbare Scheidungsmediation durch Notare sind die notariellen Vermittlungsverfahren gemäß §§ 87 ff. des Sachenrechtsbereinigungsgesetzes. Bei dieser Materie, bei der es um die Ordnung der Grundstücksverhältnisse im Gebiet der neuen Bundesländer geht, wird zunächst ein Notar mit der Klärung beauftragt, der nach Anhörung beider Seiten (zumeist Grundstückseigentümer und Besitzer) einen Vermittlungsvorschlag gemäß § 98 SachenRBerG macht, den die Parteien akzeptieren können.[64] Tun sie dies nicht, so führt der Weg zum Gericht.

Der Notar würde somit die Aufgabe eines Mediators oder – je nach Rollenverständnis – Schlichters wahrnehmen, der beide Parteien über die ihnen zustehenden Ansprüche aufklärt und eine gütliche Einigung anstrebt, bevor es überhaupt zu einem Rechtsstreit kommt. Gelingt dies, würde mithilfe der problemlos anzuschließenden notariellen Beurkundung sichergestellt, dass beispielsweise der Unterhaltsberechtigte seine Ansprüche sofort vollstrecken kann und ihm somit keine Nachteile drohen. Zugleich wäre bei dieser Vorgehensweise die gerichtliche Kontrolle gewährleistet, da der Richter die Scheidungsfolgenvereinbarung hätte prüfen müssen, bevor er die Scheidung endgültig hätte aussprechen dürfen.

64 Mithin agiert der Notar bei der Sachenrechtsbereinigung als Schlichter und nicht als Mediator. Nach der Definition des Mediators unterbreitet dieser gerade keinen Einigungsvorschlag, vgl. Art. 3 li. a) Abs. 1 S.1, ErwägG Nr. 11 RL 2008/52/EG.

Allerdings bleibt fraglich, ob der Notar als Mediator oder Schlichter zwischen streitenden Ehegatten tatsächlich geeignet ist. Die Schlichtung ist ein traditionelles Instrument der außergerichtlichen Streitschlichtung, das primär auf die persönliche Autorität, die fachliche Kompetenz und die praktisch geschulte Intuition bei der Lösung von Konflikten setzt. Den allermeisten Notaren wird man gerne Autorität, Fachkompetenz und Intuition attestieren, doch diese Qualitäten dürften hinter der Amtsautorität und Erfahrung eines Scheidungsrichters zurückbleiben.

Das moderne Gegenmodell zur Schlichtung ist die Mediation, die die Aufgabe der Streitschlichtung wissenschaftlich reflektiert und auf dieser Grundlage lehr- und lernbare Methoden der einvernehmlichen Streitbeilegung erarbeitet. Auf diese Weise hat sich die moderne Mediation zu einem eigenständigen Wissens- und Kompetenzgebiet entwickelt, das der Aufmerksamkeit und Pflege durch die entsprechend engagierten Berufsträger bedarf. Dies gilt gerade für den Bereich der Familienmediation, der stärker als etwa die Wirtschaftsmediation auf die Integration psychologischer Erkenntnisse und Methoden setzt. Zwischen der Familienmediation und den diesbezüglich entwickelten Methoden und dem Kerngeschäft der Notare und den dafür erforderlichen beruflichen Kompetenzen besteht ein breiter Graben. Man muss ganz unvoreingenommen die Frage stellen, ob es für das Notariat lohnenswert ist, diesen Graben zuzuschütten, sich die für die qualifizierte Erbringung von Dienstleistungen im Bereich der Familienmediation notwendigen Kompetenzen anzueignen und diese zu pflegen und zu entwickeln. Bei dem Versuch einer realistischen Antwort darf jedoch nicht ausgeblendet werden, dass die Verdienstchancen – wie oben erläutert – sehr begrenzt sind.

5. Die Regelungen des neuen FamFG

Das FamFG hat letztlich keine dieser Regelungsoptionen übernommen, sondern eine Minimallösung gewählt. Gemäß § 133 FamFG muss jeder Scheidungsantrag Erklärungen über die Regelung elterlicher Sorge, Unterhalt, Ehewohnung und Hausrat enthalten. Dadurch werden die Parteien implizit auf die Chancen einer vorherigen einverständlichen Regelung der Scheidungsfolgen hingewiesen. Anreize dazu, diese Chancen auch zu nutzen, setzt das FamFG jedoch nicht. Gemäß §§ 134, 114 Abs. 4 Nr. 3 FamFG ist für die Scheidung weiterhin die Einschaltung zumindest eines Rechtsanwalts nötig. Die Zustimmung des anderen Ehegatten zum Scheidungsantrag kann zu Protokoll der Geschäftsstelle erklärt, mithin ohne Rechtsanwalt vorgenommen werden. Im Grunde ist lediglich das bereits unter dem alten Recht geläufige Institut der einverständlichen Scheidung unter Beteiligung bloß eines Rechtsanwalts in das FamFG verschoben worden (§ 630 ZPO a.F.).

Die vom FamFG-Gesetzgeber gewählte Lösung kann nicht als ernsthafter Versuch gelten, die privatautonome Regelung der Scheidungsfolgen außerhalb des Gerichtsverfahrens attraktiv zu machen. Wäre dies das Ziel, dann müssten den Parteien handfeste kostenmäßige Vorteile in Aussicht gestellt werden, wenn sie sich gütlich einigen und dem Gericht damit Arbeit ersparen. Insbesondere hätte es nahe gelegen, für das gerichtliche Scheidungsverfahren gänzlich auf die Beteiligung von Rechtsanwälten zu verzichten, wenn sich die Parteien vor einem Notar über die Scheidungsfolgen geeinigt haben. Die Beurkundung der Einigung durch einen Notar sowie die anschließende Kontrolle durch das Gericht im Scheidungsverfahren sollten ausreichen, um die Übervorteilung eines Gatten durch den anderen auszuschließen bzw. dieses Risiko zu minimieren.

Das FamFG hat auch den Ansatz des SachenRBerG, die Parteien zu einem außergerichtlichen Einigungsversuch zu verpflichten, nicht aufgenommen, sondern hat auch insoweit eine bescheidene Lösung gewählt, die erst nach Klageerhebung bzw. Rechtshängigkeit des Scheidungsantrags einsetzt. Gemäß § 135 Abs. 1 S. 1 FamFG kann das Gericht die Ehegatten dazu verpflichten, zum Zweck der außergerichtlichen Streitbeilegung von Folgesachen an einem kostenfreien Informationsgespräch über Mediation oder eine sonstige Möglichkeit der außergerichtlichen Streitbeilegung bei einer vom Gericht benannten Stelle teilzunehmen. Es ist keineswegs ausgeschlossen, dass Notare als „Stellen" fungieren, die entsprechende Informationsgespräche durchführen. Allerdings kosten Informationsgespräche die Zeit der Parteien und des informierenden Mediators, und sie verzögern die Erledigung des Rechtsstreits. Ob dieser Aufwand in einem angemessenen Verhältnis zum Ertrag steht, erscheint zweifelhaft, denn gutwillige Parteien werden sich freiwillig an einen Mediator wenden und dies schon vor dem Gang zum Gericht tun, um Kosten zu sparen. Die Anordnung nach § 135 Abs. 1 S. 1 FamFG trifft also auf Parteien, die sich nicht nur trennen, sondern dabei auch streiten wollen, und für die Befriedigung dieser Bedürfnisse bereits erhebliche Mittel in Form von Anwalts- und Gerichtsgebühren eingesetzt haben. Diese Kosten sind zum großen Teil versunken, weil sie auch durch ein erfolgreiches Mediationsverfahren nicht zurückgeholt werden können. Angesichts dieser Sachlage erscheint der Erfolg eines solchen Informationsgesprächs zweifelhaft. Das zentrale Argument für die gütliche Einigung – die Ersparnis von Streitkosten erheblicher Größenordnung – steht dem Mediator jedenfalls nicht zur Verfügung. Er kann sein Heil eigentlich nur darin suchen, den Parteien zu erläutern, dass sie Interessen in einem Mediationsverfahren besser wahren können als in einem Gerichtsverfahren. Das ist sicher möglich, bei verfeindeten Eheleuten aber keine triviale Aufgabe.

Aus diesen Gründen ist der Stärkung der außergerichtlichen Streitschlichtung vor Klageerhebung jedenfalls dann der Vorzug zu geben, wenn keine wesentlichen Informationsasymmetrien zwischen den Parteien bestehen, die erst durch die schrittweise Aufklärung des Sachverhalts im streitigen Verfahren ausgeglichen werden müssen.[65] Da das Wissen um die Zerrüttung der Beziehung beiden scheidungswilligen Ehegatten gemeinsam ist, dürfte diese Bedingung typischerweise erfüllt sein. Soweit ein Teil keinen Einblick in die Einkommens- und Vermögensverhältnisse des anderen Teils hat, ließe sich dieser Mangel auch im Rahmen eines vorgerichtlichen Mediationsverfahrens beheben.

Bei einem in den Rechtsstreit integrierten „Mediations-Fenster" wäre weitergehend daran zu denken, die Parteien nicht bloß zur Teilnahme an Informationsgesprächen zu verpflichten, sondern zur Mitwirkung an einem Mediationsverfahren selbst. Natürlich bleibt es richtig, dass sich eine gütliche Einigung nicht erzwingen lässt; doch Anreize dafür, es wenigstens zu versuchen, ließen sich setzen. Die Richter des englischen High Court verfügen etwa über die Kompetenz, derartige Anordnungen nach Ermessen zu treffen und die Weigerung einer Partei, ihr Folge zu leisten und an dem Mediationsverfahren konstruktiv mitzuwirken, durch Zuweisung von Prozesskosten zu sanktionieren.[66]

V. Registerwesen

1. Zentralisierung durch Elektronisierung

Noch vor zehn Jahren wäre das Registerwesen eines der zentralen Themen für eine mögliche Verlagerung von Justizaufgaben auf das Notariat gewesen. Mit der weiterhin stürmisch voranschreitenden Elektronisierung aller Verwaltungs-, Wirtschafts- und Lebensvorgänge hat sich dieses Thema weitgehend erledigt. Die Schaffung kleiner dezentraler Register bei den vielen im Bundesgebiet tätigen Notaren kommt nicht ernsthaft in Frage. Nicht Dezentralisierung, sondern Zentralisierung durch Elektronisierung lautet das Gebot der Stunde. Die Elektronisierung ermöglicht nicht nur erhebliche Einsparungen auf Seiten der das Register führenden Stelle, sondern auch die Schaffung zentraler Register von Größenordnungen, die früher undenkbar gewesen wären.

Physische Register haben einen großen Bedarf an Lager- und Stellflächen und verursachen daher einen hohen Flächenaufwand. Schon dieser Faktor setzt ihrer Größe eine natürliche Grenze. Hinzu kommt, dass physische Register auf die Informationsgewinnung vor Ort, insbesondere durch Einsichtnahme der interessierten Person, angewiesen sind. Zwar lassen sich Daten per Post an einen anderen Ort ü-

65 Zur Wahl zwischen außergerichtlicher und innergerichtlicher Mediation Greger, ZKM 2003, 240; Bestehen solche Asymmetrien, hat die innerprozessuale Mediation nach Klageerhebung viel für sich; vgl. Wagner, JZ 1998, 836, 843.

66 Wagner ZKM 2004, 100, 101.

bermitteln, aber dieser Vorgang ist zeitraubend und kostspielig und setzt zudem voraus, dass die interessierte Partei weiß, was sie sucht, und das jeweilige Dokument mehr oder weniger genau bezeichnen kann.

All dies hat sich mit der Elektronisierung geändert. Elektronische Register können grundsätzlich von jedem Ort dieser Welt aus eingesehen werden. Physische Präsenz an demjenigen Ort, an dem das Register geführt wird, ist weder nötig noch nutzbringend. Die relevanten Daten können praktisch kostenlos an andere Orte übermittelt werden. Da zudem die Notwendigkeit entfällt, große Mengen an Akten und sonstigem Papier zu verwalten, reduziert sich der Platzbedarf erheblich. Beides macht es möglich, die Register an einem einzigen Ort zusammenzuführen und Interessierten von dort aus Einsicht zu gewähren.

2. Zentralisierung des Handelsregisters

In Deutschland wurde die Elektronisierung des Handelsregisters durch das EHUG bereits 2007 eingeleitet.[67] Eintragungen im Handelsregister werden heute von den Notaren elektronisch beim Handelsregister durchgeführt. Dabei verläuft die Kommunikation zentral auf elektronischem Wege, wobei das Handelsregister gemäß § 376 Abs.1 FamFG weiterhin bei dem Amtsgericht, in dessen Bezirk ein Landgericht seinen Sitz hat, für den Bezirk dieses Landgerichts geführt wird.[68] Entscheidend ist, dass für die Nutzer des Handelsregisters – zu denen auch viele Notare zählen – ein einheitliches Internet-Portal geschaffen wurde, von dem aus sämtliche einzelnen elektronischen Handelsregister durchsucht werden können.[69] Parallel ist das Unternehmensregister[70] strukturiert; auch hier handelt es such um ein Internet-Portal, von dem aus auf die Datenbestände der jeweiligen Handelsregister zugegriffen werden kann.

In ihrer gegenwärtigen Form vereinbaren die genannten Register einen einheitlichen Auftritt gegenüber dem Informationssuchenden mit einer dezentralen Anordnung der jeweiligen Datenbestände. Die Verwaltung dieser Datenbestände erfolgt durch eine Vielzahl von Justizbehörden – den Amtsgerichten –, die über das gesamte Bundesgebiet verstreut sind. Man kann davon ausgehen, dass die Kosten einer

67 Vgl. hierzu Schlotter/Reiser, BB 2008, 118.

68 Hiervon abweichend gewährt § 376 Abs. 2 FamFG den Ländern die Möglichkeit, anderweitige Konzentrations- oder Dekonzentrationsregelungen zu treffen. Zu einer Übersicht, inwiefern die Bundesländer davon Gebrauch gemacht haben, vgl. Heinemann, in: Keidel, FamFG, 16. Auflage 2009, § 376 Rdnr. 10 ff.

69 www.handelsregister.de.

70 www.unternehmensregister.de

derart zerstückelten Struktur größer sind als diejenigen einer Zentralstelle, die sämtliche Handels- und Unternehmensregister unter einem Dach vereinen und gemeinsam verwalten würde. Eine Zusammenfassung auch der dezentralen Datenbestände verspricht eine deutliche Reduzierung der Kosten für Flächen, Personal und Datenverarbeitungsanlagen. Die Einsparung von Kosten ermöglichte eine deutliche Reduzierung der Gebühren zum Nutzen von Unternehmensgründern und –inhabern. Damit würde das deutsche Gesellschaftsrecht im innereuropäischen Wettbewerb weiter an Attraktivität gewinnen. Vorbild wäre das britische *Companies House*, das von einer nationalen Behörde in Cardiff betrieben wird.[71] Dort können Informationen über sämtliche im Vereinigten Königreich registrierte Kapitalgesellschaften nicht nur abgerufen werden, sondern auf diesem Wege können auch Eintragungen und Änderungen von Eintragungen erfolgen.

Die Einführung eines solchen zentralen elektronischen Registers ist im Grunde nur noch eine technisch-organisatorische Frage, nachdem mit dem EHUG schon der maßgebliche Schritt unternommen wurde. Im Fall einer Zusammenfassung der lokal geführten Handels- und Unternehmensregister stellt sich die Frage nach der das Zentralregister führenden Stelle. Alternativ zu einer staatlichen Behörde – etwa einer neu zu gründenden Gemeinschaftseinrichtung der Länder oder dem Bundesamt für Justiz – käme auch die Bundesnotarkammer als Register führende Stelle in Betracht. Immerhin verfügt die Bundesnotarkammer bereits über einschlägige Erfahrungen mit dem Vorsorgeregister, die sich für das ungleich größere Projekt des Handels- und Unternehmensregisters fruchtbar machen ließen. Jedenfalls dürfte die Übernahme der Register in elektronischer Form und deren Verwaltung für die Bundesnotarkammer keine unlösbare Aufgabe sein.

3. Neue Aufgaben für Notare im Bereich des Grundbuchs

Nach der erfolgreichen Elektronisierung des Handelsregisters ist es nicht mehr weit bis zu der Elektronisierung der anderen beim Amtsgericht geführten Register, insbesondere des Grundbuchs. Eine Zusammenführung der lokalen Grundbücher zu einem elektronischen Grundbuch für das gesamte Bundesgebiet ist derzeit noch eine Vision. Möglicherweise wären die Effizienzgewinne bescheiden, weil der Grundstücksverkehr immer noch sehr stark lokal eingefärbt ist. Auf lange Sicht erscheint es jedoch keineswegs ausgeschlossen, auch in diesem Bereich auf ein einheitliches Zentralregister zu setzen, das auf elektronischem Wege von jedem Ort in der Bundesrepublik aus eingesehen werden kann.

71 www.companieshouse.gov.uk.

Bereits in ihrem gegenwärtigen Entwicklungsstand bietet die Elektronisierung des Grundbuchs Möglichkeiten für die Delegation von Aufgaben an Notare.[72] Insbesondere sollte es ermöglicht werden, die Grundbucheinsicht nicht nur beim Grundbuchamt selbst zu gewähren, sondern alternativ auch beim Notar. Bisher ist dem Bürger die Grundbucheinsicht nur beim Grundbuchamt möglich, wenngleich auch kostenfrei. Notare können für ihre Zwecke zwar heute schon über das automatisierte Abrufverfahren auf das elektronische Grundbuch zugreifen. Hinzukommen würde aber die Möglichkeit, dass nunmehr auch der Bürger beim Notar Einsicht in das Grundbuch nehmen könnte. In einem solchen System hätte nunmehr der Notar zu prüfen, ob der Bürger ein berechtigtes Interesse i.S.d. § 12 GBO nachweisen kann. Für den Bürger hätte dies klare Vorteile, denn ein Notar ist regelmäßig leichter zu erreichen als das zuständige Grundbuchamt.

Eine erhebliche Entlastung der Registerabteilungen wäre auch zu erwarten, wenn die notarielle Vollmachtsbescheinigung als Eintragungsgrundlage für Grundbucheinträge anerkannt würde.[73] Auf diese Weise könnten die Registerabteilungen von der Prüfung langer Vollmachtsketten entlastet werden. In eine ähnliche Richtung gehen die Vorschläge, eine qualifizierte Beglaubigung für Registeranmeldungen einzuführen. Dabei würde § 40 BeurkG um Prüfungspflichten (bezogen auf die Eintragungsfähigkeit) und Belehrungspflichten (bezogen auf die Rechtsfolgen einer Antragstellung) erweitert werden.[74]

VI. Zusammenfassung

Die Verlagerung von Aufgaben der Ziviljustiz auf Notare verspricht Effizienzgewinne, d.h. gleichbleibende Qualität bei geringeren Kosten oder erhöhte Qualität bei gleichem Kosteneinsatz. Gleichwohl ist die Privatisierung der Justiz bzw. von Justizdienstleistungen kein Selbstzweck, sondern differenziert zu beurteilen.

Eine Aufgabenverlagerung auf Notare lohnt sich dort, wo es um die Erbringung von Justizdienstleistungen im Gegensatz zur echten Streitentscheidung geht. Diese Anforderung ist in Teilen des Nachlasswesens erfüllt, insbesondere bei der Vorbereitung der Erbscheinserteilung. Bei der Ausarbeitung eines gut begründeten Erbscheinsantrags kann der Notar seine Vorteile ausspielen. In Konsensfällen kommt es

72 Das maschinell geführte Grundbuch ist bereits seit längerem in allen Bundesländern in Benutzung, vgl. Gassen/Mödl, ZRP 2009, 77, 79; dort auch zum Gesetzesentwurf der Bundesregierung (BR-Drs. 66/09) zur Einführung des elektronischen Rechtsverkehrs und der elektronischen Akte im Grundbuchverfahren.

73 Zwischenbericht (Fn.16), S. 119 ff. Dies sieht auch Artikel 4 des Gesetzesentwurfs der Länder Baden-Württemberg und Sachsen (Fn.2), BR-Drs. 67/10) vor.

74 Zu Details siehe Zwischenbericht (Fn.16), S. 110 f.

sogar in Frage, dem Notar die Erteilung des Erbscheins selbst anzuvertrauen. Ist die Rechtsnachfolge hingegen unter den Erbprätendenten umstritten, kann der Notar nicht streitentscheidend tätig werden, weil er dafür als Organ nicht geeignet ist. Streitige Fälle sind beim Nachlassgericht besser aufgehoben.

Im Bereich des Familienrechts wäre eine effizientere Ausgestaltung der einvernehmlichen Scheidung durch eine Stärkung der Rolle von Notaren zu haben gewesen. Der Reform-Gesetzgeber hat dies nicht gewollt. Die vom FGG-ReformG-RE vorgesehene Aufwertung der außergerichtlichen Scheidungsfolgenvereinbarung vor dem Notar durch Kostenanreize ist nicht Gesetz geworden, obwohl sie unabweisbare Vorteile gebracht hätte. Hiervon wäre eine nicht unerhebliche Entlastung der Familiengerichte zu erwarten gewesen, die den streitigen Scheidungen zugute gekommen wäre.

Im Registerwesen geht es unter der heutigen Bedingung umfassender Elektronisierung nicht um Privatisierung, sondern um Zentralisierung. Die Zusammenführung der bisher lediglich über ein gemeinsames Internet-Portal vernetzten Handels- und Unternehmensregister bleibt eine Zukunftsaufgabe. Die Schaffung eines einheitlichen Testamentsregisters für das gesamte Bundesgebiet steht noch aus, wäre aber dringend zu wünschen. Die Bundesnotarkammer, die bereits über praktische Erfahrungen mit dem Vorsorge-Register verfügt, steht als kompetenter Ansprechpartner zur Verfügung.

Podiumsdiskussion

Diskussionsleiter:

Herr Notar Dr. Stefan Zimmermann

Teilnehmer:

Herr Oliver Sabel, Bundesministerium der Justiz

Herr Notar Dr. Tilman Götte, Präsident der Bundesnotarkammer

Herr Rechtsanwalt und Notar Ulrich Schäfer, Präsident der Westfälischen Notarkammer

Herr Klaus Ehmann, Abteilungsleiter, Justizministerium Baden-Württemberg

Herr Norbert Kassen, Präsident das Amtsgerichts Essen

Herr Dipl.-Rpfl. Peter Damm, Bundesvorsitzender des Bundes Deutscher Rechtspfleger

Herr Dr. Klaus Lerch, Richter am Landgericht Frankfurt/Main

Herr Notar Dr. Oliver Vossius, Präsident des Deutschen Notarvereins

Diskussionsleiter:

Ich begrüße Sie zu unserem letzten Veranstaltungsteil, der Podiumsdiskussion, die wie gesagt nicht aus Referenten, sondern aus fachkundigen Interessenvertretern, wenn man es so formulieren darf, besteht. Unterschiedlich natürlich besetzt, teilweise Justiz, teilweise ordentliche Gerichtsbarkeit und vor allem auch Berufsstand, für den ich ja eigentlich auch immer berufspolitisch gesprochen habe, allerdings nun nicht mehr in Amt und Würden und deswegen erlaube ich mir eine kleine Vorbemerkung. Ich erinnere mich, dass das Thema Aufgabenverlagerung von der Dynamik her, im Berufsstand nur sehr zäh, sozusagen ins Laufen kam. Die ersten Schritte fanden im Familienrechtsausschuss der Bundesnotarkammer Ende der 80er Jahre statt, wo wir einfach mal gesagt haben, wir wollen für künftige Zeiten überlegen, was ist denn überhaupt aufgabenabgrenzungsmäßig im Berufsstand künftig evtl. auf der Tagesordnung, haben also gesammelt, Listen gemacht. Damit ist dann auch eine

Vertreterversammlung der Bundesnotarkammer befasst gewesen, die auch sehr zurückhaltend und vorsichtig argumentiert hat. Es ging im Wesentlichen zunächst nur um den Antrag auf Erbscheinserteilung und es war sehr deutlich, dass die Notare selbst sehr unsicher waren, wie sie mit diesem Thema umgehen sollen. Ich darf sagen, um es auch denjenigen klar zu machen, die nicht dem Berufsstand angehören, das ist also nicht das unbedingte Schlagerthema, das von uns zunächst intensiv betrieben worden ist. Die Zeiten bringen solche Themen mit sich und das interessante ist eben, dass wir auch heute gesehen haben, die Wissenschaft beschäftigt sich mit solchen Themen. Dann gilt für jeden Berufsstand: Man ist natürlich gut beraten, aktiv an solchen Diskussionen teilzunehmen. Insbesondere fiel mir dieser Gesichtspunkt ein bei der von Professor Wagner angedeuteten notariellen Scheidung. Dieser § 135 im FamFG-Entwurf kam nicht von uns. Das darf ich deutlich sagen. Es war ein Anliegen des Ministeriums, das natürlich von uns unterstützt wurde, weil man als Betroffener, wie ich sage, aktiv an solchen Überlegungen natürlich mitwirkt, um nicht vor unvorhergesehenen Entwicklungen zu stehen. Das Verhältnis zur Anwaltschaft ist auch aus notarieller Sicht da ein sehr Differenziertes. Es gibt in dem Sinne eben keine ganz klaren einheitlichen Positionen im gesamten Bereich, der heute unsere Diskussion beschäftigen soll. Ich glaube aber, dass durch den heutigen ersten Teil der Veranstaltung sehr gute Grundlagen für eine etwas objektivere Betrachtung gelegt wurden. Und das unterscheidet diese Veranstaltung vielleicht von manch anderen, die wir in diesem Bereich schon gehabt haben. Es ist nicht eine Nabelschau oder eine Konfrontationsveranstaltung, sondern der Versuch, wirklich zum Kern des Problems vorzudringen, und insofern bin ich sehr froh, dass wir nun auf dieser Basis unsere weiteren und abschließenden Überlegungen abhalten können.

Das Podium vorzustellen ist, glaube ich, nicht erforderlich. Ich darf Herrn Sabel zunächst erwähnen, der im Bundesjustizministerium für diese Fragen zuständig ist. Wir haben dann die Vertreter des Berufsstandes, Herrn Dr. Götte, der aus der Sicht des Berufsstandes ein Statement abgeben wird. Herrn Schäfer, der das aus der Sicht eines weiteren Präsidiumsmitglieds der Bundesnotarkammer und Anwaltsnotars ergänzen wird. Interessant dürfte sein, was Herr Ehmann an Erfahrungen beizutragen hat. Herr Ehmann ist der zuständige Abteilungsleiter im Baden-Württembergischen Justizministerium. Baden-Württemberg hat ja das Modell des großen Notariatszuständigkeitsbereiches und sieht sich jetzt durch die Privatisierung, wie man sie hier vielleicht nennen darf, vor anderen Fragestellungen. Für den Deutschen Richterbund darf ich Herrn Direktor Kassen begrüßen, der aus der Sicht eines Leiters eines Amtsgerichtes seine Erfahrungen beitragen wird, und hier – in einem doch wahrscheinlich sehr harmonischen Gespann – neben ihm Herrn Damm als Vertreter des Rechtspflegerbundes. Und als unabhängigem Notarprüfer darf ich Herrn Lerch begrüßen, der in vielfältiger Funktion und auch Tätigkeit mit uns immer wieder verbunden ist, sich sehr an der Diskussion zur Entwicklung des notariellen Berufsrechts beteiligt hat und diese Fragen aus der Sicht eines Fachkenners und Kommentators begleitet. Und schließlich, last but not least, begrüße ich meinen Nachfolger im Vorsitz des Deutschen Notarvereins, Herrn Kollegen Dr. Vossius aus München, der auch zu diesen Fragestellungen schon häufig Position bezogen hat, zuletzt in der

Festschrift zum 100-jährigen Bestehen des Deutschen Richterbundes. Ich darf nun vorschlagen, dass jeder der Angesprochenen aus seiner Sicht ein Statement zu den bisherigen Fragestellungen abgibt und möchte zunächst Herrn Sabel um seine Ausführungen bitten.

Herr Sabel, Bundesministerium der Justiz:

Vielen Dank, Herr Dr. Zimmermann. Überschrieben ist das Ganze ja mit „Wohin steuert das deutsche Notariat", und ich bin gebeten worden, dazu die Aspekte der Bundesgesetzgebung zu beleuchten:

Die Bundesregierung formiert sich gerade neu, deshalb lohnt es sich vielleicht, zunächst einmal auf das zurückzublicken, was die Haltung der Bundesregierung in der 16. Legislaturperiode war. Die Frage der Aufgabenübertragung auf Notare war da ja sehr zentral, auch in einer Bund-Länder-Arbeitsgruppe thematisiert, und diskutiert worden. Interessant ist das Ergebnis: Es gab keine konkrete Empfehlung dieser Bund-Länder-Arbeitsgruppe, sondern eine Gegenüberstellung von Pro- und Contra-Argumenten und das Ergebnis, eine Aufgabenübertragung auf die Notare sei grundsätzlich möglich, aber - ich zitiere - „ob sie erfolge, sei letztlich politisch zu entscheiden, weil die ordnungspolitischen Grundlinien der von der Justiz zu erledigenden Aufgaben, betroffen seien" - und dieses müsse und könne letztlich nur politisch entschieden werden. Daraufhin haben dann mehrere Länder zwei Gesetzentwürfe vorgelegt, nämlich einen Gesetzentwurf zur Änderung des Grundgesetzes, der heute bereits zitiert wurde. Artikel 98a GG soll danach die Übertragung grundsätzlich wohl aller Angelegenheiten der freiwilligen Gerichtsbarkeit auf die Notare ermöglichen. Und konkret sollte dann im zweiten Gesetzentwurf neben einigen kleineren Punkten, insbesondere das Nachlassverfahren 1. Instanz im Wege einer Öffnungsklausel den Notaren übertragen werden können. Hierzu hat sich nun die Bundesregierung, also insbesondere mein Haus, dann nur sehr pauschal geäußert, d.h. es hat noch nicht einmal eine Einzelstellungnahme zu den Detailregelungen gegeben, sondern eine pauschale Ablehnung beider Gesetzentwürfe mit dem Tenor, eine umfassende Aufgabenübertragung im Nachlasswesen werde abgelehnt. Detailpunkte, u.a. die Zuständigkeit für Scheck- und Wechselproteste, auch die Testamentskartei, solche Dinge könne man problemlos machen, dafür bedürfe es aber nicht einer Grundgesetzänderung. Es wurden dann in dieser Pauschalablehnung Gründe genannt, die hier heute auch schon zur Sprache gekommen sind:

Zunächst einmal: Es gebe überhaupt keinen sachlichen Grund, ein funktionierendes System der Nachlassgerichte durch ein anderes System zu ersetzen, dessen Effizienz erst noch mit sehr viel Aufwand und auch organisatorischem Drumherum hergestellt werden müsse. Die von den Ländern zur Begründung angeführten Einsparungen im Personalbereich seien geringer als die Einnahmen-Ausfälle, die bei einer Verlagerung entstünden, sodass sich letztlich die Frage stellt: Kann die Justiz dadurch effizienter gemacht werden, dass man gewinnbringende Sparten schließt und die Verlustsparten behält?

Es kam auch das Umsatzsteuerargument, das heute bereits genannt wurde, allerdings in dem Sinne, dass dies den Bürgern wohl zusätzlich aufgebürdet werde, und das sei auch nicht im Sinne einer bürgerfreundlichen Justiz, und als weiteres Sachargument die bereits erwähnten Zuständigkeitsprobleme, die Gefahr ständiger Kompetenzkonflikte. Letztlich mit Blick auf die Länderöffnungsklausel die Warnung vor einer Rechtszersplitterung im Bundesgebiet, die droht, wenn einzelne Länder Gebrauch machen von einer solchen Öffnung und andere das nicht tun.

Wenn man sich anschaut, wo geht eigentlich das Berufsbild des Notares hin, dann könnte man auch daran denken, die Frage zu stellen - auch dies ist heute bereits angeklungen und betrifft mich als für das Berufsrecht Zuständigen: Wollen wir das Berufsbild des Notars in einer Weise verändern, die ganz wesentlich andere Aufgaben, nämlich im Nachlassverfahren quasi kontradiktorische Verfahren, beinhaltet? Wollen wir eine solche Verlagerung - auch politisch - haben oder wollen wir sie nicht haben?

Wie es auch sei. Die Bundesregierung hat sich ablehnend geäußert, der Bundestag hat daraufhin das Gesetz in aller Stille der Diskontinuität zugeführt, das heißt, sich nicht drum gekümmert. Das war eine bewusste politische Entscheidung insbesondere der SPD-Fraktion im Deutschen Bundestag, wo eine große Ablehnung dieses Vorhabens in der vergangenen Legislatur bestand. Nunmehr sagt die Bundesregierung im Koalitionsvertrag, wie bereits zitiert: „Wir werden eine Übertragung der Aufgaben der Nachlassgerichte 1. Instanz ermöglichen". Und es ist damit zu rechnen und davon auszugehen - die Vorarbeiten laufen - dass die Gesetzentwürfe durch die Länder wieder eingebracht werden. Sie können nicht im vereinfachten Verfahren durch den Bundesrat, weil wohl Anpassungen an das inzwischen in Kraft getretene FamFG erforderlich sind, die in der vergangenen Legislatur noch nicht darin waren. Deshalb wird jetzt zurzeit wohl die Wiedereinbringung vorbereitet. Nach derzeitigem Stand der Dinge soll dabei wohl auch an der Grundgesetzänderung weiter festgehalten werden, als Abmilderung des erheblichen verfassungsrechtlichen Risikos, das in der vergangenen Legislaturperiode ausdrücklich beschrieben worden war in dem Gesetzentwurf, das man einginge, wenn man auf eine Grundgesetzänderung verzichtete. Das bedeutet aber auch, dass wir dann eine Zweidrittelmehrheit im Bundestag und Bundesrat brauchen, von der ich nicht weiß, wo sie herkommen soll. Nachdem die SPD in der vergangenen Legislaturperiode als Regierungspartei das Vorhaben abgelehnt hat, könnte ich mir vorstellen, sie wird an ihren Vorbehalten weiter festhalten, sodass das für mich überleitet zu der wirklich spannenden Frage: Bleibt es bei dieser Haltung, dass wir eine Grundgesetzänderung brauchen, oder gibt hier nicht auch die veränderte Konstellation Anlass zu der Frage „Geht es nicht auch ohne?" Und da komme ich auf das zurück, was heute Vormittag ausgeführt worden ist. Wir gehen im Bundesjustizministerium davon aus, dass diese Frage am Maßstab des Art. 33 Abs. 4 GG zu messen sein wird. Deshalb haben wir die Probleme, die Professor Burgi heute Morgen geschildert hat, mit der Frage, wie ist dieser ja sehr schwierige Tatbestand des Art. 33 Abs. 4 GG mit seinen mehrfachen generalklauselartigen Umschreibungen - „in der Regel“ oder „als ständige Aufgabe“ darf das nur Beamten übertragen werden - wie ist dieser Tatbestand auszulegen? Man kommt dann auch zu der Frage: Wie steht es mit der ursprünglichen, mit der jetzt bereits bestehenden Beurkundungstätigkeit der Notare, bei der kein Zweifel besteht, dass sie mit dem Grundgesetzt vereinbar ist? Wenn man das am Maßstab des Art. 33 Abs. 4 GG messen will, dann kommt man zu dem Ergebnis, entweder es handelt sich nur um eine Ausnahmeregelung, diese Beurkundung, d.h. es ist ein Teil der gesamten Rechtspflegeaufgaben, die unbedenklich auf die Notare übertragen werden konnte, oder man kommt vielleicht auch dazu, dass Art. 33 Abs. 4 GG ergänzend auszulegen ist und die Notare vielleicht als weitere Gruppe hier einzubeziehen sein könnten. Ich denke, das ist eine Frage, der entscheidende Bedeutung beikommen wird, wenn man wirklich auf eine Grundgesetzänderung verzichten möchte. Was ebenfalls zu berücksichtigen ist, und das möchte ich als letztes noch einmal in den Raum stellen, ist, dass wir durch die Übertragung der zusätzlichen Befugnisse nun doch eine erhebliche Änderung des Berufsbildes des Notars bekommen würden. Wenn wir denn dem Notar wirklich sämtliche Entscheidungen in Erbscheinsverfahren 1. Instanz aufladen, dann hat er ein quasi kontradiktorisches Verfahren mit Beweisaufnahmen, ja auch mit quasi urteilsähnlichen Beschlüssen zu machen, wenn nämlich die Erbprätendenten streiten über die Wirksamkeit von Testamenten, über die Reihenfolge von Testamenten, über die Testierfähigkeit. Das weiß jeder der einmal beim Amtsgericht - ich gehöre glücklicherweise dazu - die Nachlasssachen betrieben hat. Das sind oft sehr langwierige und in der bei den Gerichten betriebenen Art und Weise durchaus auch zivilverfahrensähnliche Verfahren, die man da zu führen hat. Ob aber eine solche Erweiterung des Berufsbildes des Notars noch unter Art. 33 Abs. 4 GG als „nicht wesentliche“ Aufgabenübertragung gesehen werden kann, das wird man prüfen müssen, und man wird zuletzt auch prüfen müssen, ob, wenn man das macht, nicht auch weitere berufsrechtliche Änderungen erforderlich sind. Das hat auch Professor Burgi mit dem Hinweis erwähnt, man müsste eventuell die staatliche Gewährleistungsverantwortung erhöhen, dass heißt, man müsste prüfen, stimmt die Ausbildung der Notare für diese Tätigkeit noch. Wir haben gerade für die Anwaltsnotare neue Voraussetzungen geschaffen - sind Anwaltsnotare danach ausgebildet, diese Nachlassverfahren zu betreiben? Müssen wir hier die Bestellungs- und Kontrollverantwortung des Staates vielleicht noch anpassen? Müssen wir spezielle Regeln für dieses Nachlassverfahren im Berufsrecht schaffen? Aber diese Fragen sind, da wir uns in der vergangenen Legislatur nur pauschal zu dem Vorhaben geäußert hatten, noch nicht beantwortet, und wir werden das in den nächsten Monaten sicher sehr intensiv tun müssen.

Vielen Dank.

Diskussionsleiter:

Schönen Dank, Herr Sabel. Die beiden Fragen, wie Sie sie gestellt haben, einmal, können wir ohne Änderung des Grundgesetzes eine entsprechende Fortschreibung des geltenden Rechts vornehmen, und die zweite Frage, wollen die Notare das, ist das Berufbild, die Berufsbilderweiterung gewollt, sind natürlich Fragestellungen, die gerade aus der Sicht des Präsidenten der Bundesnotarkammer sicher einer Antwort bedürfen. Ich darf deswegen Herrn Kollegen Götte um seine Stellungnahme bitten.

Herr Dr. Götte, Präsident der Bundesnotarkammer:

Vielen Dank, Herr Zimmermann. Ich möchte vorweg, bevor ich auf die verfassungsrechtliche Frage eingehe, noch einmal kurz aufgreifen, was heute Morgen diskutiert worden ist. Die Übertragung nachlassgerichtlicher Aufgaben auf Notare läuft ja unter dem Schlagwort „Privatisierung der Justiz“, und es ist auch kurz aufgegriffen worden, dass vor allem unser Berufsstand betont, dass es dabei gar nicht um Privatisierung gehe, sondern wir Notare uns als Teil der Justiz verstehen. Es sollen also – und da bin ich außerordentlich dankbar, dass Frau Professor Preuß das so pointiert ausgeführt hat – auf einen externen Teil der Justiz Aufgaben übertragen werden; diese Aufgaben sollen aber weiter durch dem Bereich der Justiz zugeordnete Hoheitsträger ausgeübt werden.

Ich glaube auch, dass das das Verständnis ist, welches die Verfassungsväter gehabt haben, als sie den Art. 33 Abs. 4 GG geschaffen haben. Sie haben den Notar nicht als irgendeinen privaten Dienstleister gesehen, ich glaube auch nicht, Herr Professor Burgi, als Beliehenen, sondern sie haben ihn als Teil der Justiz betrachtet, und deswegen findet sich auch keine Erwähnung des Notars in Art. 33 Abs. 4 GG. Sonst müssten wir möglicherweise ja sogar die Frage diskutieren, ob der Systemwechsel, der jetzt in Baden-Württemberg stattfindet, von den beamteten Notaren auf die hauptberuflichen Notare, eigentlich mit Art. 33 Abs. 4 GG in Einklang steht. In diesem Zusammenhang behauptet niemand, dass Art. 33 Abs. 4 GG einschlägig sei. Also, man sollte schon noch mal genauer hinsehen, ob das Konzept des Notars als Träger eines öffentlichen Amtes unter staatlicher Aufsicht überhaupt an den Vorgaben des Art. 33 Abs. 4 GG zu messen ist. Auch ich sehe allerdings wie Sie, Herr Sabel, dass eine Grenze erreicht sein dürfte, wenn wesensfremde Aufgaben auf den Notar übertragen werden sollen. Man könnte wohl nicht so weit gehen, staatliche Aufgaben außerhalb der vorsorgenden Rechtspflege auf Notare zu übertragen, ohne die Vorgaben des Art. 33 Abs. 4 GG zu beachten. Ich glaube aber, dass das Nachlasswesen nicht eine solch wesensfremde staatliche Angelegenheit ist, die eine solche Betrachtung notwendig machen würde, denn nach dem Verständnis des alten FGG sind wir Notare Organe der freiwilligen Gerichtsbarkeit, mithin Teil der freiwilligen Gerichtsbarkeit wie das Nachlassverfahren oder das Vormundschaftsverfahren.

Ich erinnere mich noch gut an eine Frage im Zweiten Staatsexamen, die mich ein Prüfer fragte, der wusste, dass ich Notar werden wollte: „Nennen Sie mir die Organe der freiwilligen Gerichtsbarkeit", hat er gefragt. Ich nannte das Nachlassgericht, das Vormundschaftsgericht, das Grundbuch. Fast alle Organe habe ich aufgezählt, bis auf eines. Da hat der Prüfer nachgefragt: „Haben Sie nicht ein Organ vergessen?" Ich wusste damals nicht, welches. Daraufhin beantwortete er seine Frage selbst: „Den Beruf, den Sie ergreifen wollen: Notar. Der gehört auch zu den Organen der freiwilligen Gerichtsbarkeit."

Das notarielle Beurkundungsverfahren ist dem Nachlassverfahren also nicht so fremd, Herr Sabel, dass wir in einem völlig anderen staatlichen Verfahren wären. Dass sich einige Verfahren in Nachlasssachen wie kontradiktorische Verfahren auswirken, ist eine faktische Feststellung, die aber rechtlich gesehen nicht durchgreift. Ganzheitlich betrachtet steht das Nachlassverfahren, würde ich sagen, sehr wohl im Einklang mit dem, was wir Notare bislang machen, und es würde sich gut in unser Aufgabengebiet einpassen. Dass wir einige organisatorische Änderungen vornehmen müssten, steht völlig außer Frage, aber es stellt sich nicht als eine komplett wesensfremde Tätigkeit dar, bei der man sagen müsste, man könne sich den Notar für deren Wahrnehmung überhaupt nicht vorstellen. Schließlich nehmen die Notare in Baden-Württemberg bereits genau die Aufgaben wahr, die jetzt in allen Bundesländern auf uns übertragen werden sollen. Man wird also kaum sagen können, dass Aufgaben im Nachlasswesen mit der Funktion des Notars nicht vereinbar seien und deren Wahrnehmung dem Bild des Notars in der Bevölkerung widerspräche. Von daher, glaube ich, bewegen wir uns auf relativ gesichertem Boden.

Es sind heute bereits einige vermeintliche Nachteile einer Aufgabenübertragung auf Notare im Nachlasswesen angesprochen worden. Ich möchte deshalb zum Schluss noch einmal kurz deren Vorteile betonen. Herr Professor Wagner hatte sie, glaube ich, ebenfalls bereits genannt. An erster Stelle ist die Bürgernähe zu nennen. Es besteht ein im Vergleich zu den Gerichten stärkerer persönlicher Kontakt des Notars zu den Bürgern. Darüber hinaus ziehen sich die Gerichte aus fiskalischen Gründen immer stärker aus der Fläche zurück. Notare sind häufig die Einzigen, die im Justizwesen noch in der Fläche tätig sind. Ich kann das vor allem für Bayern sagen – die anderen Bundesländer kenne ich nicht so genau –, wo die Notare noch in sehr vielen Orten präsent sind, in denen es die Gerichte schon nicht mehr sind. Zu dieser Bürgernähe kommt die Beratung durch den Notar als zusätzlicher positiver Effekt für den Bürger hinzu. Im Rahmen eines Erbscheinsverfahrens zu beraten wäre uns nicht fremd. Wir Notare erteilen bereits heute Rat, wenn wir die Anträge auf Erbscheinserteilung beurkunden. Wir müssen dafür im Übrigen dieselben Überlegungen anstellen und dieselben Unterlagen sichten wie für die Erteilung des Erbscheins selbst. Denn wenn ich als Notar einen Antrag auf Erbscheinserteilung beurkunde, soll das Nachlassgericht entlastet werden, weshalb ich alle Unterlagen ansehen und entscheiden muss, welcher Antrag gestellt wird, damit diesem stattgegeben werden kann.

Nicht zuletzt unter diesem Gesichtspunkt erscheinen mir also die Aufgaben des Nachlassgerichts 1. Instanz mit den notariellen Tätigkeiten nahe verwandt. Was ich insgesamt etwas schade finde ist, dass die ganze Diskussion zur Aufgabenübertragung im Nachlasswesen hauptsächlich unter fiskalischen Gesichtspunkten geführt wird. Ich meine, dass man davon ein bisschen weg kommen sollte und ich glaube auch, dass die heutige Veranstaltung dafür einen Grundstein legen kann. Vielen Dank.

Diskussionsleiter:

Schönen Dank, Herr Kollege Götte. Sie haben sehr deutlich die Gründe dargelegt, warum es eine originäre Verwandtschaft der Funktionen gibt, die Zuständigkeit des Notariats also nicht wesensfremd wäre. Die Frage, wollen die Notare das, ist nicht so ganz deutlich beantwortet worden. Ich kann Sie aber doch gerne an Herrn Kollegen Schäfer weitergeben, der vielleicht auch zur Frage Stellung nehmen, eben sollte, bedürfte es dann ggf. entsprechender begleitender Regelungen. Es wurde ja auch die Frage angeschnitten, wie sieht es mit dem Ausbildungsstand aus etc. Bitte schön, Herr Kollege Schäfer.

Herr Rechtsanwalt und Notar Schäfer, Präsident der Westfälischen Notarkammer:

Ja, vielen Dank, Herr Zimmermann. Meine Damen und Herren. Ich habe heute mit Erleichterung festgestellt, dass die rechtlichen Vorgaben in dieser Diskussion zwar etwas nuanciert in der Beantwortung, aber die rechtlichen Vorgaben in der Frage der Aufgabenübertragung an und für sich geklärt sind, jedenfalls nach Meinung der Wissenschaft, und das ist ja schon mal der rechtliche Überbau dessen, was politisch diskutiert wird. Und wenn ich mir die Praxis anschaue, dann handelt es sich nicht um rechtliche Fragen. Herr Kollege Götte erwähnte eben die fiskalischen Aspekte. Man könnte das auch etwas vergröbern und als Westfale neigt man ja dazu, Dinge beim Namen zu nennen. Und dann nenne ich das eine rein politische Entscheidung, ob es zur Aufgabenübertragung kommt oder nicht. Und da ich nichts davon halte, bereits erledigte Tatbestände noch einmal zu beschreien, stelle ich einfach fest, dass die Bereiche der etwaigen Aufgabenübertragung, die hier und heute im Familienbereich, Familiensachen angesprochen sind, politisch erledigt sind. Und dasselbe gilt auch, jedenfalls für einen gewissen Zeitraum, für den Bereich des Gesellschaftsrechts. Deshalb möchte ich mich im Folgenden nur konzentrieren auf den Nachlassbereich und jetzt greife ich fragend einen Begriff auf, den Herrn Sabel benutzt hat. Haben wir heute ein funktionierendes System? Ich bezweifle das. Und zwar aus Blick nicht des Notars, sondern aus Blick des Bürgers. Ich repräsentiere eine Kammer in einem großen Flächenbereich, im Bereich des Oberlandesgerichtsbezirks Hamm, mit rund 9,5 Millionen Einwohnern oder Gerichtseingesessenen und damit auch Notarerfassten, rund 85 Amtsgerichten. Wir haben durchschnittliche Bearbeitungszeiten in diesen Amtsgerichten für Erteilung eines Erbscheins mittlerer Art und Güte zwischen drei und sechs Monaten. Ob das wirklich ein funktionierendes System ist, wage ich zu bezweifeln. Handelt es sich um komplexe Sachverhalte, ist es nicht selten, dass die von mir genannten Fristen überschritten werden. Es kommt hinzu, dass gerade in dem großen Bereich des Oberlandesgerichtsbezirks Hamm einige Amtsgerichte geschlossen worden sind. Wir haben eine Konzentration von Amtsgerichten und damit einhergehend deutlich größere Wege für die Bürger, für die Antragsteller. Das geht in die Richtung, die Herr Kollege Dr. Götte gerade beschrieben hat. Rückzug der Amtsgerichte aus der Fläche. Jetzt weiß ich aber, dass man politische Fragen kaum mit Sachargumenten wird lösen können. Da wir aber jetzt im Koalitionsvertrag eine immerhin relativ deutliche Erklärung haben, wird man warten müssen, was das Gesetzgebungsverfahren auf seinem weiten Weg erbringt. Frage also, wie würde etwas praktisch umgesetzt werden können? Und da – und das ist eine jetzt nicht abgestimmte Meinung etwa innerhalb des Präsidiums der Bundesnotarkammer oder gar eine abgestimmte Meinung innerhalb der Westfälischen Notarkammer – kann ich mir persönlich vorstellen, dass als Mindestergebnis einer solchen Übertragung folgende Aspekte erfüllt sein müssten, wenn man wirklich von einer Entlastung der Justiz, einem Mehrwert für die Bürger spricht. Und das wären: Die zentrale Zuständigkeit des Notars für Erbscheinsanträge. Das jetzige System ist, es ist aus dem Publikum auch erwähnt worden, ist in sich nicht schlüssig und bringt wirklich niemandem etwas mehr. Man müsste als zweites die, so meine ich, Eröffnung von letztwilligen Verfügungen dem Notar ohne weiteres zuweisen können, ohne überhaupt nur einen der etwas schwierigen Punkte, die hier diskutiert worden sind, zu erreichen. Man könnte, was den Erbscheinsbereich anbelangt, ohne Weiteres und ohne Streitentscheidung des Notars, die konsensualen Erbscheine, die erteilt werden, dem Notar zuweisen. Als Anschlusskompetenz könnte sich noch aus der Praxis heraus ein Gesichtspunkt aufdrängen, nämlich die Auseinandersetzung einer Erbengemeinschaft auf der Grundlage des erteilten Erbscheins. Der Notar wäre in einem solchen System kein Streitentscheider, so dass jenseits jeglicher verfahrens- und verfassungsrechtlicher Aspekte, die wir heute diskutiert haben, eine solche Aufgabenübertragung ohne Weiteres möglich ist. Ich persönlich könnte mir auch mehr, im Sinne einer zentralen Zuständigkeit als Nachlassgericht 1. Instanz, vorstellen, weiß aber gar nicht, ob das im Sinne des gesamten Berufsstandes so gewünscht ist. Der politische Impetus kam nicht aus dem Berufsstand, sondern aus der Politik. Letzte Bemerkung, nur sehr knapp. Wir verstehen uns, und das gilt - ich glaube, dass kann ich sagen – für beide Notariatsformen, das hauptamtliche Notariat und das Anwaltsnotariat, als einheitlicher Beruf. Ich, obwohl Anwaltsnotar, also Rechtsanwalt und Notar, habe mich noch nie als gespaltene Persönlichkeit im Sinne einer Schizophrenie gefühlt. Ich weiß, dass ich zwei Berufe ausübe. Einen öffentlichrechtlich geprägten und einen privat geprägten. Und das sei noch einmal zu Qualitätszweifeln angemerkt: Eine Reihe meiner Kollegen, Anwaltsnotare im Bereich der Westfälischen Kammer, das gilt aber auch für andere Kammern, ist gleichzeitig

Fachanwalt für Erbrecht. Ich glaube nicht, dass es auch nur in Spurenelementen Qualitätsdefizite eines solchen Kollegen gäbe gegenüber dem normalen hauptamtlichen Notar. Sie gestatten mir, dass ich an dieser Stelle diesen Aspekt kurz angesprochen habe. Sie können sicher sein, dass die Organisationen des Anwaltsnotariats, wenn es zu einer zentralen Aufgabenverlagerung auf Notare käme, da vorgesorgt haben und weiter vorsorgen werden, damit die Qualität notarieller Dienstleistung erhalten bleibt. Danke.

Diskussionsleiter:

Schönen Dank, Herr Kollege Schäfer, für diese Klarstellung, die auch, glaube ich, aus der Sicht des hauptberuflichen Notariats nur unterstützt werden kann, da wir in unserer bisherigen Tätigkeit diesen Unterschied nicht bemerkt haben. Und jeder geht eigentlich davon aus, dass jeder Kollege seinen Funktionen auch gerecht wird. Interessant dürfte nun sein, was Herr Ehmann vielleicht an Erfahrungen beizutragen hat. Herr Ehmann leitet, wie gesagt, die entsprechende Abteilung im Baden-Württembergischem Justizministerium und er kann auch zum Berufsbild eventuell etwas sagen, um uns zu erklären: Ist das Berufsbild in Baden-Württemberg nun für die Zukunft aus der Sicht der Notare nicht mehr so umfassend gewollt? Und die zweite Frage: Warum sehen Sie eigentlich keine Probleme bei ihrer Reform, wenn diese verfassungsrechtlichen Fragen hier im Raume stehen?

Herr Ehmann, Justizministerium Baden-Württemberg:

Vielen Dank, Herr Zimmermann. Meine Vorredner haben viel von dem abgeräumt, was ich hätte auch sagen können. Ich rede jetzt hier, um mal den Gedanken des Gespaltenseins weiter zu führen, zum einen als Vertreter oder Bediensteter des Landes Baden-Württemberg, zum anderen aber auch in der Eigenschaft als Leiter dieser Arbeitsgruppe, die versucht, die Voraussetzungen für ein zentrales Testamentsregister zu schaffen. Es sieht aus der Sicht der Länder so aus, dass wir vorhaben, dieses Thema, Aufgabenübertragung auf Notare, so wie es Herr Sabel angedeutet hat, wieder aufzugreifen. Es findet jetzt gerade ein Korrekturlauf, des bisherigen Gesetzentwurfes statt. Der Korrekturlauf ist deswegen notwendig, weil wir den bisherigen Gesetzentwurf wegen der Änderungen durch das FamFG so nicht mehr stehen lassen können. Dieser Korrekturlauf wird aber nach den Papieren, die ich bis jetzt gesehen habe, und da sind Weiterungen auch nicht absehbar, sich beschränken auf einen echten Korrekturlauf. D.h., die Änderungen, die bisher schon im Gesetzentwurf drin waren, der Umfang der Aufgabenübertragung der vorgesehen war, soll so bleiben. Es wird also nichts wegfallen und nichts dazukommen. Das heißt für die Nachlasssachen, dass wir weiterhin bestrebt sind, an der so genannten „großen Lösung“ festzuhalten, dass die Notare alle Aufgaben des Nachlassgerichts übertragen bekommen, und zwar im Sinne einer starren Öffnungsklausel. – Starre Öffnungsklausel heißt: Das einzelne Bundesland kann nur sagen, „Ja“ oder „Nein“; also „wir machen das“ oder „wir machen das nicht“. Aber wenn man es macht, dann ist der gesamte Nachlassbereich übertragen, dann gibt es da keine Differenzierung. Die übrigen Teilbereiche, die auch noch geregelt werden, sind jetzt vielleicht nicht so wahnsinnig spannend. Die Aufnahme von Wechsel- und Scheckprotesten als ausschließliche Zuständigkeit ist bislang schon keine Tätigkeit, die einen allzu großen Umfang einnimmt. Interessant und mit dem Nachlassgericht wieder in Zusammenhang wäre die ausschließliche Zuständigkeit für die Aufnahme des Nachlassinventars und für die Durchführung der Nachlass- und der Gesamtgutsauseinandersetzung. Neu hinzu kommt die Idee, eine notarielle Vollmachtsbescheinigung als Eintragungsgrundlage für Register- und Grundbuchverkehr einzuführen. Neu wäre auch der Vorschlag, also nicht überhaupt neu, sondern neu gegenüber dem gegenwärtigen Rechtszustand, dem Notar die Möglichkeit zu eröffnen, sich als Grundbucheinsichtsstelle zu betätigen. Die anderen kleinen Punkte lohnen die Erwähnung nicht. Noch gewisse technische Schwierigkeiten macht, dass auch dieser Gesetzentwurf vorsieht, dass man das Testamentsverzeichnis, das in Berlin-Schöneberg geführt wird, auf die Bundesnotarkammer überträgt. Das ist eine Regelung, die sich so etwas beisst mit dem weiterführenden Vorhaben, ein zentrales Testamentsregister bei der Bundesnotarkammer einzurichten. Ich schätze, dass der Korrekturlauf etwa zum Jahreswechsel abgeschlossen sein wird und dass bis dahin auch die Frage entschieden ist oder dass man sich über die Frage verständigt hat, ob man jetzt in einem zweiten Anlauf das mit oder ohne Grundgesetzänderung macht. Das hat man sich noch nicht abschließend überlegt. Und wir hoffen, dass wir auch so etwa bis um den Jahreswechsel einen ersten wirklich guten Entwurf präsentieren können, der die Einführung eines zentralen Testamentsregisters bei der Bundesnotarkammer vorsieht. Wir haben schon einen Entwurf, sind da aber noch in Diskussionen. Man merkt erst, wenn man dran sitzt, dass da noch eine Menge Kleinarbeit drin steckt. Die Kleinarbeit steckt vor allem in der sauberen Abgrenzung des Personenstandswesens von diesem Nachlassregister. Es sind also mehr rechtstechnische Fragen, die da eine Rolle spielen. Es sind eigentlich keine politischen Fragen. Die politischen Fragen sind andere. Dazu gehört mehr die Frage, wie man die Gebührenstruktur ausgestaltet, aber das ist ein Thema, wo ich auch zuversichtlich bin, dass wir noch zu einer Einigung kommen.

Wie hängt das Ganze jetzt mit Baden-Württemberg zusammen? Interessanterweise, entweder ist es ein Zufall oder gewollt, hängt hier an der Wand eine geologische Zeittafel. Diese geologische Zeittafel hat mich im Laufe des Tages ins Sinnieren gebracht. Und ich habe mir überlegt, wenn ich jetzt gefragt werde, wo stehen wir in Baden-Württemberg mit der Notariatsreform, wo würden wir das Ganze ansiedeln. Also wenn wir jetzt ein Jahr zurückgehen würden, dann wären wir irgendwo noch ganz unten beim Proterozoikum. Inzwischen hat aber der Bundesgesetzgeber, da war Herr Sabel auch nicht ganz unbeteiligt, die von uns angeregte Änderung der Bundesnotarordnung in die Tat umgesetzt. Das hat uns einen wesentlichen Schritt nach vorne gebracht. Ich würde sagen, so an die Grenze von Perm und Trias zumindest. Und wir sind gerade dabei, unsere landesinternen Folgeregelungen kabinettsreif zu machen, stehen also im Übergang von Jura zu Kreide, und hoffen, diese Phase jetzt zum Jahreswechsel durchschreiten zu können und im Lauf des nächsten Jahres, der Zeithorizont ist 2011, da sind die nächsten Landtagswahlen, also wohl im Lauf des nächsten Jahres die noch fehlenden landesrechtlichen Folgeregelungen verabschiedet zu haben. Und jetzt kommt das natürlich ein bisschen zusammen mit dem, was wir heute diskutiert haben. Denn bei uns in Baden-Württemberg ist das, was man hier als gewünschtes Idealbild diskutiert oder auch problematisiert, was man herstellen will, schon seit langem Realität. Im württembergischen Landesteil seit 1. Juli 1826, im badischen Landesteil ist die zeitliche Grenze nicht so präzise festzustellen, aber der Zustand ist ähnlich alt. Wir haben seitdem eine Verknüpfung von notarieller Tätigkeit und nachlassgerichtlicher Tätigkeit. Das ist eine Tätigkeit, die sich aus der Sicht der Justizverwaltung immer positiv dargestellt hat. Das ist auch eine Kombination, die unserer Einschätzung nach aus der Sicht der Bürgers immer positiv dargestellt wurde. Und es ist auch eine Kombination, bei der mir nicht in Erinnerung ist, dass es jemals in größerem Umfang Inkompatibilitätsdiskussionen gegeben hat wie „Darf der Notar, der ein Testament beurkundet hat, dann ein paar Jahre später den Erbschein erteilen zu diesem Testament und solche Dinge". Das hat funktioniert. Und jetzt zwingt uns die Notariatsreform, dieses seit 180 Jahren bewährte Kombinationsmodell aufzulösen, wenn die Aufgabenverlagerung auf Notare nicht kommt. Und jetzt ist es mehr ein Problem der Justizverwaltung. Selbst wenn die Aufgabenverlagerung auf Notare kommt, stellt sich für uns als Justizverwaltung die Frage - es ist ja eine Öffnungsklausel, sie kommt ja nicht sofort, sondern erst dann, wenn das Land es auch will - wollen wird es dann sofort wollen oder wollen wir es erst mit einer gewissen zeitlichen Verzögerung wollen? Dahinter steht folgendes Problem: Wir bewegen im Zusammenhang mit dieser Notariatsreform, die ja verknüpft ist auch mit dem Grundbuch, mit dem Betreuungsgericht im Württembergischen und mit dem Nachlassgericht in ganz Baden-Württemberg, wir bewegen ca. 3.000 Köpfe Justizpersonal. Und es werden nicht alle 3.000 Köpfe bereit sein, den Staatsdienst 2018 zu verlassen, um sich zusammen mit einem Notar einer freiberuflichen Tätigkeit zuzuwenden oder bei einem freiberuflich tätigen Notar angestellt sein. Das heißt, wir müssen, es ist auch eine soziale Aufgabe, die wir unseren Mitarbeitern gegenüber schuldig sind, wir müssen für diejenigen, die bei uns als Land bleiben wollen, für angemessene Weiterbeschäftigungsmöglichkeiten sorgen. Und ich meine, es wird in einem erheblichem Maße davon abhängen, in welchem Umfang die Landesbediensteten wechselbereit sind oder nicht, in welchem Umfang oder zu welchem Zeitpunkt wir dann von dieser erneuten Kombinationsmöglichkeit Gebrauch machen können und werden.

Zum Gesetzentwurf selbst kann ich sagen: Wir haben schon in der letzten Legislaturperiode im Bundesrat diesem Antrag damals anderer Länder zugestimmt. Mein Minister hat vor wenigen Wochen entschieden, dass wir diesmal nicht nur zustimmen, sondern sogar als Mitantragsteller auftreten. Also wenn die Landesregierung da mit ihm einig geht, was ich stark vermute, dann werden wir beim nächsten Mal auch Mitantragsteller sein, d.h. wir stehen hinter dem Gesetzentwurf „Aufgabenverlagerung". Ich sage bewusst nicht Privatisierung, weil ich die Einschätzung, was das Thema Privatisierung anbetrifft, teile, die Herr Götte vorhin geäußert hat. Wir stehen zu dem Thema im Abstrakten und müssen eben sehen wie wir das mit unserer konkreten Situation am Besten verschrauben können. Danke schön.

Diskussionsleiter:

Schönen Dank, Herr Ehmann. Eine ergänzende Frage, man könnte ja überlegen, ob es einen Sinn grundsätzlicher Art hat. Warum gab es bisher bei den Freiberuflern diese Zuständigkeit für die Nachlasssachen nicht in Ihrem Land?

Herr Ehmann:

Das Gesetz hat es nicht zugelassen.

Diskussionsleiter:

Das hat aber keinen tieferen Sinn?

Herr Ehmann:

Hat keinen tieferen Sinn. Es ging nicht.

Diskussionsleiter:

Schönen Dank. Ich darf mich nun Herrn Kassen zuwenden. Es dürfte hinlänglich bekannt sein, dass die Richterschaft dem Thema seit Jahren kritisch gegenüber steht. Herr Kassen, erlauben Sie mir die Frage, ob sich das angesichts der heutigen Argumentationslage geändert hat?

Herr Kassen, Präsident das Amtsgerichts Essen:

Danke, Herr Zimmermann. Jein, sage ich mal. Das, was ich bei Professor Wagner gehört habe, schien mir sehr bedenkenswert zu sein. Das macht vielleicht noch Sinn, aber es liegt eine Stellungnahme des deutschen Richterbundes zu dem Gesetzentwurf aus der letzten Legislaturperiode vor, den Herr Sabel gerade auch angesprochen hat. Danach hat der Richterbund die Aufgabenübertragung auf die Notare aus verschiedenen Gründen abgelehnt. Einige sind davon hier heute auch zur Rede gekommen. Ich will sie nicht weiter vertiefen. Ich will sie nur eben kurz ansprechen. Es waren die fiskalischen Gründe. Es waren die Gründe der nicht möglichen Streitentscheidung, wobei das auch, gerade was Professor Wagner deutlich gemacht hat, ja auch problematisch sein könnte und aus meiner Sicht auch ist. In diesem Zusammenhang lassen Sie mich ein Wort dazu verlieren. Es war heute Morgen und heute Nachmittag auch von einer vielleicht höheren Kompetenz die Rede. Man darf eines nicht vergessen, wenn wir die Nachlasssachen verlieren, verlieren wir auch von heute auf morgen Kompetenz von lange erfahrenen Nachlassrichtern und Nachlassrechtspflegern. Und ob die Notare diese Kompetenz, die ja von den bisher Tätigen ja ausschließlich ausgeübt wird, so haben werden, das wird die Zeit dann vielleicht erbringen. Ein weiterer Grund ist gewesen für die ablehnende Stellungnahme, dass Probleme bei der Zuständigkeit auftreten können, bei der Zuständigkeit für die einzelnen Notare, die bisher nach unserer Ansicht völlig ungeklärt ist, wer, wo, wann, in welchen Notarsachen zu entscheiden hat. Das ist für uns eine völlig offene Frage. Die Frage der Qualität habe ich angesprochen. Eine Frage, auf die großen Wert zu legen ist, ist das, Frau Professor Preuß hat das auch angesprochen, diese Frage, nämlich der Neutralität der in Nachlasssachen dann tätigen Notare. Kann diese gewahrt werden? Wir haben jedenfalls in bestimmten Sachen da Zweifel dran, ob das so durchzuhalten ist, und lassen Sie mich meine persönlichen Erfahrungen dazu vielleicht kurz andeuten. Ich habe mehrere Jahre die Geschäfte der Notare im Rahmen meiner landgerichtlichen Tätigkeit geprüft, allerdings auch im Bereich des Anwaltsnotariats, und habe da doch sehr unterschiedliche, sehr unterschiedliche Arbeitsweisen feststellen können. Das bestärkt sicher nicht darin zu sagen, die Nachlasssachen sind bei den Notaren besser aufgehoben. Ich will auch gleich auf Herrn Schäfer noch eingehen. Sie haben die langen Bearbeitungszeiten angesprochen. Zu Recht, Herr Schäfer, das ist ein Ärgernis, ganz klar. Drei bis sechs Monate sind nicht hinnehmbar. Ich bin Leiter eines großen Amtsgerichts und wir haben auch diese Probleme. Diese Probleme kommen aber, und das muss man auch ansprechen, aus dem Abbau des Personals, mit, nicht nur, aber zum großen Teil, mit. Und wenn Sie die Nachlasssachen übernehmen, dann müssen Sie auch Personal dafür haben und dann müssen Sie auch Fristen einhalten, bei der Erteilung des Erbscheins und daraus ergeben sich einfach häufig schon längere Zeiten. Es ist sicher in der Spitze nicht hinnehmbar, dass solche langen Bearbeitungszeiten bestehen, das ist ganz klar. Aber täuschen Sie sich nicht. Sie können auch nicht innerhalb von einer Woche einen Erbschein so ohne Weiteres erteilen. Das geht nicht. Da muss man realistisch sein und da muss man auch sehen, und das ist meine Frage: Wissen Sie welches Klientel Sie sich da dann in Ihre Praxen holen? Das ist eine andere Klientel als Sie bisher haben. Das ist, das sind Leute, die drängen, die wollen ihren Erbschein ganz schnell haben. Sollte man vielleicht auch überlegen. Das sind Aspekte, die aus meiner gerichtlichen Erfahrung, auch gerade in den Nachlassabteilungen, gekommen sind und kommen. Ich habe auch selber als Richter einige Jahre Nachlasssachen bearbeitet. Ich denke, dass ist ein anderes Personal. Ich mache auch seit vielen Jahren Registersachen. Das ist eine ausgesprochen angenehme Arbeit mit den Notaren zusammen. Das darf ich hier mal ganz offen sagen, da gibt's eigentlich nichts schöneres, als Registersachen mit Notaren zu bearbeiten. Das ist keine Frage. Aber sie haben dann da eine andere Klientel. Das ist so. Also, wir werden sehen, wie der Gesetzentwurf sein wird. Das wird wahrscheinlich ja so sein, Herr Ehmann hatte es ja gesagt, dass er wohl gleich sein wird wie bisher und ich sehe im Augenblick nicht, dass der Richterbund da eine andere Stellungnahme als im Jahr 2008 zu dem bisherigen Gesetzentwurf abgeben wird.

Diskussionsleiter:

Ja, schönen Dank, Herr Kassen. Ehrlich gesagt, ich habe es auch nicht erwartet, aber vielleicht doch zwei Sätze aus eigener Erfahrung, wenn Sie das gestatten. In einem Verfahren, wo ich Testamentsvollstrecker bin, habe ich an einem kleinen Amtsgericht mal die Situation live erlebt. In den zwei Jahren hatte ich drei zuständige Nachlassrichter, junge Leute - d.h. also mit „der langjährigen Erfahrung" habe ich nicht diese Erfahrungen gemacht - die letztlich dann auch von uns sehr starke Hilfestellung bekamen und die arme Rechtspflegerin, die mir dieses Zeugnis erteilt hat, hatte den Tisch voll liegen mit Vereinsregistersachen und Nachlasssachen und sagte: „Bitte, sind Sie nicht böse. Sie kriegen das Zeugnis natürlich sofort, aber es geht normalerweise so nicht." Herr Damm, das ist jetzt an Sie gerichtet. Zwei Fragen. Die eine – abweichend vielleicht von Ihrer offiziellen Haltung: Sehen Sie nicht auch, dass letztlich Sie von der Justizverwaltung so vernachlässigt sind, personell, dass Sie eigentlich froh sein müssten, Entlastung zu bekommen? Und die zweite Frage ist: Wenn die angenehme Arbeit mit den Notaren auch Sie ereilt hat, wie wäre es denn mit einer solchen Kooperation dahingehend, dass wir Ihnen bei der Erteilung der Erbscheine helfen?

Herr Dipl.-Rpfl. Damm, Bundesvorsitzender des Bundes Deutscher Rechtspfleger:

Ja. Nun könnte ich es mir einfach machen als Vorsitzender des Bundes Deutscher Rechtspfleger und könnte hier erklären, dass auch wir bei unserem Votum bleiben. Es kommt überhaupt nicht in Frage, dass wir dafür sein könnten, auch nur im Ansatz die Nachlasssachen auf die Notare zu übertragen. Das wäre aber sicherlich viel zu kurz gegriffen und auch nicht im Sinne dieser Veranstaltung. Da will ich ein zweites Schlaglicht hier einbringen. Ich sitze natürlich hier im Besonderen auch als Rechtspfleger. Und für Rechtspfleger sind die Nachlasssachen ein beliebtes Rechtsgebiet und meine Kollegen machen die Nachlasssachen unwahrscheinlich gerne. Was in der Tat so ist, der Zustand ist vielfach auch an kleinen Gerichten häufig so, dass eben dann tatsächlich andere Dezernate da noch rein drücken und man immer vor der Frage steht, weil eben die Justizverwaltung in den meisten Ländern nicht in der

Lage ist, die Gerichte so auszustatten, dass eben in allen Dezernaten fristgerecht entschieden werden kann. Ja, was, welche Entscheidung treffe ich zuerst? Also insoweit könnte das schon dazu führen, zu sagen: o.k., wenn ich die Sache gern mache, dann möchte ich sie ja auch nicht loswerden. Da möchte ich lieber andere Sachen, die ich nicht so gerne mache, loswerden. Und zum dritten. Ja, ich denke mal uns hilft es nicht, in persönliche Erlebnisberichte zu verfallen oder auch wie zum Teil in den Vorträgen heute früh, oder in Fragestellung da in Schwarz-Weiß-Malerei, dass man nur die Vorzüge den Damen und Herren Notare zuschreibt und die gerichtliche Praxis da mit den Nachteilen bedenkt, ohne sie aufzuzählen. Also, so kommen wir nicht weiter. An dieser Stelle: Deshalb haben wir auch eigentlich immer diese Diskussion um die Justizreform, in 2005 hat das ja schon angefangen, und dann mit den Gesetzentwürfen, die vorgelegt worden sind, sehr sachlich geführt bzw. uns bemüht, das auch vom sachlichen Standpunkt nachzuvollziehen. Da war uns ganz wichtig, daran festzuhalten, wenn es denn, möglich ist, das ohne Zweifel, also als unsere verbandspolitische Entscheidung. Wenn der Gesetzgeber die Nachlasssachen auf die Notare übertragen will, dann ist das möglich. Es muss allerdings unter bestimmten Voraussetzungen passieren und für uns unabdingbar ist der qualitative Ansatz. Wenn man so etwas macht, dann muss es zumindest in der gleichen Qualität weiterhin möglich sein, weil man sonst Standards aufgibt, insbesondere in puncto Rechtssicherheit, die, ich denke mal, für unsere Gesellschaft nicht nur ein hohes Gut ist, sondern auch für den Wirtschaftsstandort Deutschland ein unwahrscheinlicher Vorteil. Da ist das Nachlasswesen genauso gefragt wie das Grundbuchwesen. Das heißt, es muss genauso gut bleiben oder sogar besser werden. Denn: wir bewegen uns ja immer in einem Anspruch, dass auch die rechtlichen Beziehungen immer besser werden sollen; entweder in der Notwendigkeit diese weiter auszugestalten oder in der Notwendigkeit größere Freiräume zu schaffen. Also beides muss möglich sein. Und aus der Sicht des Verbandes ist auch dann noch einmal wichtig, und das haben uns verschiedene Vorträge in der Vergangenheit auch immer wieder belegt. Diese Qualität kriege ich nur dann hin, wenn ich das Verfahren so regele oder besser regele als es jetzt bei den Gerichten geregelt ist. Das ist ja heute in den Vorträgen zum Teil auch deutlich geworden, dass sich in der Privatisierungs-folgengesetzgebung erheblich was tun muss. Also dieses Verfahren, was die Notare betreiben, muss dann entsprechend auch so ausgestattet sein, dass der Rechtssicherheit und dem Rechtsgewährleistungsanspruch eben dem genüge getan wird. Und insoweit drängte sich natürlich für uns die Frage auf, in der Tat muss ich das noch mal so sagen, warum ohne Not ein funktionierendes System bei den Nachlassgerichten aufgeben? Denn vom theoretischen Ansatz funktioniert es. Dass der Staat seine Aufgaben, was Personalausstattung betrifft, nicht ordnungsgemäß erfüllt, das ist ein ganz anderes Problem und dann sind wir schon wieder bei den fiskalischen Ansätzen, aber ohne Not ein System aufzugeben, da muss man schon sehr genau, aus staatlicher Sicht nachdenken und die Ansätze die bisher, vor allen Dingen aus den Ländern gekommen sind, die haben nach meiner Einschätzung bei weitem zu kurz gegriffen. Denn der Ursprung, wenn ich das mal so erinnern darf, wenn der bayrische Ministerpräsident, damals Herr Stoiber seiner Justizministerin Merk aufgibt, im Justizhaushalt zu sparen und ihr fällt nichts weiter ein, als etwa 100 Rechtspflegerstellen streichen zu wollen, eben durch die Übertragung des Nachlassgerichts auf die Notare, dann ist das wirklich eine Diskussion, die ich nicht weiter führen möchte. Ich möchte an den Sachargumenten festhalten und wenn ich das ohne Verbandsinteresse so sehe, dann ist das durchaus möglich unter den Gesichtspunkten von Wahrung von Rechtssicherheit und Qualität. Eine andere Frage, die sich aber bei mir und bei unseren Kollegen sehr ernst stellt vor diesem Hintergrund, ist nicht nur die Frage, wohin geht das Berufsbild des Notars, zu dem Thema bin ich ja eingeladen, aber die Frage die sich für uns stellt, wohin geht das Berufsbild des Rechtspflegers? Weil die große Justizreform, die ich hier gerade noch im Papier als Stellungnahme unseres Verbandes vor mir sehe, die ging ja in weitere Richtungen. Jedes Land wollte sich so ein Scheibchen abschneiden, so wie es gut war. Bayern sagt, ja wir brauchen die Notare, das andere mit Grundbuch, was da so aus Hessen von Herrn Koch kam, das wollen wir nicht. Hessen, ja in der Bodenmanagementbehörde sollten nach dem Konzept über Grundbuchsachen in der vereinigten Behörde dann irgendwelche Angestellte entscheiden, wo dann gemeint war, die Qualität des Rechtspflegers bei Grundbuchentscheidungen muss nicht mehr da sein. Also, ich warne davor und unsere Kollegen haben auch Angst, dass das wieder der erste Stein des Anstoßes ist, der unsere gesamte freiwillige Gerichtsbarkeit in gerichtlicher Zuständigkeit in Frage stellt und dieses Argument nehme ich sehr ernst und deshalb ist diese Geschichte „Nachlassgericht“ für uns mit oberster Priorität versehen. Das muss ich schon mal sagen und da bin ich auch, des ernsten Themas wegen, nicht zu Scherzen aufgelegt.

Diskussionsleiter:

Ich muss mich bei Ihnen entschuldigen, Herr Damm. Ich wollte in rheinischer Manier die alte Verbundenheit mit den Rechtspflegern etwas lockerer darstellen. Ich glaube auch, dass Sie das verstanden haben, zumal wir geborene Partner sind im täglichen Betrieb.

Herr Damm:

Wir arbeiten ja auch gerne mit den Notaren zusammen. Sei es im Nachlass oder im Grundbuch.

Diskussionsleiter:

Ich glaube, dass wir Ihnen auch viel Arbeit abnehmen, wenn ich an die Vereinsregisteranmeldungen und Vorbereitungen denke.

Herr Damm:

Ja.

Diskussionsleiter:

Also so ist es nicht. Wir kümmern uns auch um die unangenehmen Dinge. Herr Lerch. Auch aus Ihrer Sicht der hessischen Justiz. Es ist ja auch die hessische Justiz angesprochen worden. Ist es richtig so? Soll alles so bleiben, wie es ist; oder gibt es Gründe über das eine oder andere nachzudenken? Und was wäre denn, wenn nun der Ländervorbehalt Gesetz wird, müssen Sie sich dann landesrechtlich auf eine Änderung einstellen?

Herr Lerch, Richter am Landgericht Frankfurt/Main:

Zunächst einmal eine Vorbemerkung: Es muss bei einer solchen Gelegenheit betont werden, dass das deutsche Rechtspflegesystem im weitesten Sinne ein hervorragendes, gut funktionierendes System ist. Das gilt sowohl für die Justiz als auch für die Notare. Wenn man Erfahrung hatte mit ausländischen Staaten, kommt man zu diesem Ergebnis. Ich habe einen großen Prozess gehabt mit einem fürchterlichen Flugzeugunfall, der sich in Frankreich ereignet hatte, wobei mehrere Zeugen vernommen werden mussten. Wenn Sie sehen, dass ein Rechtshilfeersuchen in Frankreich 1 ¼ Jahre dauert bis es zurückkommt und dann noch nicht einmal durch den Richter die Vernehmung durchgeführt wird, sondern durch die dort ansässige Polizeibeamtin, dann sieht man erst einmal den Unterschied. Hier zeigen sich enorme Qualitätsunterschiede innerhalb der europäischen Staaten.

Das Zweite. Die Diskussion ist deswegen so schwierig geworden oder wird so schwierig, weil die Landesjustizverwaltungen gerade auch uns gegenüber mit Zahlen ausgesprochen zurückhaltend sind. Ich habe versucht im Vorfeld, in Vorbereitung dieser Tätigkeit, Zahlen zu eruieren, was eigentlich im Bereich der Freiwilligen Gerichtsbarkeit eingenommen wird und was ausgegeben wird. Ich habe versucht, dann Haushaltspläne zu lesen, was ungeheuer schwierig ist. Es gibt im Land nur wenige, die das können und setzt sehr viel Vorkenntnisse voraus. Ich habe nur eine Zahl, um Ihnen das mal zu verdeutlichen. Das Landgericht Frankfurt zählt ja zu den fünf oder sechs größten Landgerichten in Deutschland. Wir haben im Bereich der Apostillen und der Legalisationen im Jahre 2008, nur in Frankfurt, 328.000 Euro eingenommen. Im Jahre 2009 waren es 240.000 Euro. Das hängt zusammen mit der nachlassenden Konjunktur. Aber Sie sehen, wie sehr die Justiz auf diesen Bereich angewiesen ist, weil es für sie ein großes Argument ist, nämlich man kann es nicht aus den Augen verlieren, dieses fiskalische Argument. Andererseits muss man nämlich sehen, dass die Justiz auch einen enormen Zuschussbetrieb unterhält, das ist nämlich der große Teil der Strafprozesse. Wir haben 28 Strafkammern. Ein Strafverteidiger, die meisten sind nämlich Pflichtverteidiger, bekommen pro Sitzungstag zwischen 700,00 und 900,00 Euro. Unabhängig davon, wie lange die Sitzung dauert, ob sechs Stunden, was passieren kann, oder nur eine viertel Stunde. Das muss ja alles irgendwo mal finanziert werden. Deswegen muss man diese Einnahmen- und Ausgabenseite in die Überlegungen einbeziehen Das Zweite noch, und da stimme ich eigentlich Herrn Schäfer nicht so ganz zu, ist seine Behauptung, dass die Diskussion weitgehend abgeklärt sei. Ich will keinem von Ihnen von heute morgen, es waren hervorragende Referate, zu nahetreten, aber mir scheint das alles ein Problem der Gewaltenteilung im Staat zu sein und das ist meines Erachtens bisher noch nicht so richtig heraus gekommen. Das ist auch ungeheuer schwierig, diese Gewaltenteilung einfach zu definieren. Vor allen Dingen, es ist erwähnt worden, wir haben den Art. 92 des Grundgesetzes, wo die Rechtsprechung den Richtern anvertraut ist, und zwar, man muss einfach dazu lesen, nur den Richtern anvertraut ist. Und was jetzt Rechtsprechung ist und was eben nicht mehr Rechtsprechung ist, das ist ungeheuer schwierig herauszuarbeiten. Das sich meines Erachtens im Staat insgesamt eine Schieflage allmählich einstellen könnte oder auch eingestellt hat im Bereich der Gewaltenteilung kommt durch zwei Erscheinungsformen, die ich ihnen gleich plastisch darstellen kann, zum Ausdruck. Das eine war ein Aufsatz von Prof. Dr. Battis aus Berlin in der ZRP, da habe ich auch zu meinem Entsetzen oder zu meinem Erstaunen gelesen, dass eine große Anwaltskanzlei in Deutschland, Linklaters, damit beauftragt worden ist, einen Gesetzentwurf zu erarbeiten, und zwar zur Reform des KWG. Begründung vom BMJ war wohl gewesen, man habe nicht genügend Experten, man hat das mal outgesourced", so heißt das ja heute inzwischen.

Zwischenkommentar (Diskussionsleiter):

Finanzministerium.

Finanzministerium, Entschuldigung ja. Die Gewalten im Staat scheinen sich insgesamt zu verschieben, obwohl die Gewaltenteilung eine enorme und nicht zu unterschätzende Errungenschaft der vergangenen Jahrhunderte ist. Das Zweite, wo meines Erachtens die Gewaltenteilung und damit die Gewaltengliederung allmählich ins Wanken gerät, deswegen habe ich das auch mitgebracht, war eine Entscheidung des 2. Zivilsenats in Karlsruhe, der ja die GbR als partei- und rechtsfähig angesehen hat. Auch das ist meines Erachtens ein Problem, bei dem weit über das Ziel hinaus geschossen worden ist. Hier maßt sich die Rechtsprechung Aufgaben aus dem Bereich der Gesetzgebung an, was sie nicht darf und was auch vom Instrument der Rechtsfortbildung nicht gedeckt ist. Ich habe in Vorbereitung dieser Veranstaltung auch mal versucht, näher in die Dogmatik einzusteigen und es ist mir gelungen, aus den Arbeiten von zwei namhaften Professoren, von Andreas Voßkuhle und von Stefan Smid, eine Abgrenzung zu finden, was ist Rechtsprechung und was zählt zum weitesten Bereich in die Rechtspflege hinein. Diese Schwierigkeit der Abgrenzung zeigt sich dann auch an sehr vielen Entscheidungen des Bundesverfassungsgerichts, und zwar eigentlich bis in die jüngste Zeit. Und da darf ich mal mit Ihrer Erlaubnis vielleicht ganz kurz zitieren: Das Bundesverfassungsgericht sagt 1987 im 76. Entscheidungsband, ob die Wahrnehmung einer Aufgabe als Rechtsprechung anzusehen ist, hängt wesentlich von der „verfassungsrechtlichen, traditionellen oder durch den Gesetzgeber vorgenommenen Qualifizierungen ab. Nicht alles was zu den Aufgaben der Gerichte gehört, ist materielle Rechtsprechung." Das wird später noch einmal wiederholt in einer späteren Entscheidung, und zwar aus dem Jahre 2002, und da wird auf einen alten Begriff von Forsthoff zurückgegriffen, den ich auch für sehr nachdenkenswert halte, nämlich er hat 1938 schon einmal den Begriff der Daseinsvorsorge geprägt. Und da sagt der Senat unter Bezugnahme auf diese Daseinsvorsorge: „Insbesondere lässt sich Art. 20 Abs. 2 GG nicht entnehmen, dass Aufgaben im Bereich der Daseinsvorsorge oder sonstige Aufgaben allein deshalb zwingend unmittelbar vom Staat zu erledigen sind, weil sie von wesentlicher Bedeutung des Allgemeinwohl sind. Dies gilt auch für die hier in Rede stehenden Aufgaben des Erhalts und Schutzes des Wassers." Also die Senate haben immer mit der Schwierigkeit, mit der Abgrenzung, zu tun, was ist materielle Rechtsprechung und was zählt zur Rechtspflege oder, wie es Smid eigentlich vielleicht noch treffender sagt, was zur Rechtsfürsorge Also deswegen ist dieses Gebiet dogmatisch weitgehend noch unbearbeitet. Es lässt sich deshalb zusammenfassend festhalten, dass das fiskalische Argument gegen eine Auslagerung spricht und noch viel wichtiger das verfassungsrechtliche Argument. Es kann auch nicht angehen, dass die Notare einfach nach neuen Einnahmequellen suchen, weil die Beurkundungszahlen im ganzen Land, sowohl im Nur-Notariat als auch im Anwaltsnotariat, rückläufig sind. Das nächste, was ich noch kurz sagen wollte, ist die Tatsache, dass die Diskussion meines Erachtens fünf Jahre zu spät oder zehn Jahre zu früh kommt. Das FamFG hat in weiten Bereichen alles festgezurrt, deswegen brauchen wir uns über diese Einzelheiten im Moment nicht zu unterhalten, vielleicht mal bei der nächsten Reform. Noch eine, noch zwei andere Bemerkungen, weil das auch in öffentlichen Diskussionen immer wenig zum Vorschein kommt: Glauben sie bitte nicht, dass die Justiz entlastet werden müsste, um sie sozusagen für andere Aufgaben frei zu stellen. Die Justiz macht nämlich genau den umgekehrten Weg und das wissen die meisten gar nicht. Wenn nämlich Stellen von der Justiz weggenommen werden, und deswegen ist die Richterschaft auch gegen eine Übertragung auf außerhalb der Justiz tätigen Organe, werden sofort diese Stellen gestrichen. Das heißt, der Entlastungseffekt wird nicht dazu genutzt, jetzt sozusagen andere Sachen schneller zu machen, sondern es werden Stellen rausgenommen. Und sie alle haben vielleicht schon einmal den Ausdruck „PEPSI" gehört oder von Personalberechnungssystemen. Bei den Zivilgerichten wird im Pensum beim Landrichter gerechnet, früher von 140, mittlerweile ist das Pensum in fast allen Bundesländern auf 180 Sachen im Jahr angehoben worden. Wenn jetzt Aufgaben von der Justiz weggenommen werden, wird das nicht dazu benutzt, möglicherweise die Ressourcen zu schaffen für andere Aufgaben. Das muss in der Form mal gesagt werden, weil das weitgehend unbekannt sein dürfte. Und dann wollte ich noch darauf hinweisen, dass meines Erachtens auch nachgewiesen werden müsste, warum eigentlich die Diskussion, wenn es Qualitätsmängel gibt. Es kann doch nur dann sinnvoll sein, wenn damit noch eine wesentliche Verbesserung der Arbeiten verbunden wäre. Aber das nachzuweisen, muss ich sagen, ist auch heute Morgen, meines Erachtens nicht so ganz gelungen und da ist es weitgehend in Allgemeinplätzen geblieben, da müsste man wirklich mal ganz konkret sagen und auch eruieren, woran es wirklich qualitätsmäßig hapert.

Diskussionsleiter:

Ja, schönen Dank, Herr Lerch. Ich halte fest, Sie gehen sowieso davon aus, dass sich die nächsten fünf bis zehn Jahre nichts ändern wird. Schauen wir mal, würde ich sagen. Herr Kollege Vossius hat da vielleicht auch eine eigene Meinung dazu, aber vielleicht auch zur Frage - das ist noch nicht so richtig angesprochen worden - der Gesetzesfederstrich ist das eine, die Ausführung ist das andere. Wie wäre denn dann eine Optimierung und ergänzende Gesetz- und Verordnungsgebung erforderlich?

Herr Notar Dr. Vossius, Präsident des Deutschen Notarvereins:

Danke, dass ich ein Thema bekomme, wo man nicht sagen muss, es ist zwar schon alles gesagt, aber nur noch nicht von mir. Ohnehin hätte ich bei den verfassungsrechtlichen Fragen schon mangels Fachkompetenz, bei den Qualitätsfragen aus innerer Überzeugung zum einen eine förmliche Bezugnahme nach § 13a BeurkG auf Herrn Professor Löwer, zum anderen auf Herrn Kollegen Schäfer gemacht. Auf Verlesung deren Referate wird, nehme ich an, verzichtet und auch auf Beiheftung der beglaubigten Abschrift der Ausführungen hierzu.

Nehmen wir doch mal ein Beispiel für die Praxisabläufe. Ich habe mit folgendes zurecht gelegt: Opa Scholz, der aus dem Stern, nicht der Staatsrechtslehrer, von dem heute schon die Rede war, und Opa Scholz hat von seinem Banker, wie üblich beraten, sein Geld seinem Risikoprofil entsprechend so angelegt, wie es die Finanzbranche diesen alten Leuten ins Depot drückt. Und ausgerechnet zu dem Zeitpunkt, wo die Kurse so langsam in den Sinkflug übergehen, sagt Opa Scholz der schnöden Welt „Ade“. Das Gebot der Stunde wäre jetzt, zur Bank zu rennen und das Zeug so rasch wie möglich zu verkaufen, bevor Schlimmeres eintritt. Aber nein, der smarte Banker wird ganz förmlich und verlangt einen Erbschein. Das heißt jetzt Familienbücher suchen, Termin bekommen, Erbscheinsantrag stellen, Nachlassverzeichnis ausfüllen und dann erst einmal Warten. Und jetzt kommt es noch schlimmer. Geerbt hat die ebenso klapprige Schwester von Opa Scholz, die wohnt im schönen Oderbruch, beim Fischotter links. Wie kommt die zum Amtsgericht? Was ist, wenn sie dann beim ersten Versuch die richtigen Personenstandsurkunden nicht dabei hat? Gibt's da vielleicht jemand, der bei der Bank mal anruft, dass sie sich nicht so haben sollen in diesem Fall und mal die Verkaufsorder ausführen? Damit keine Missverständnisse aufkommen: Gerade von meiner bayerischen Perspektive her habe ich den Eindruck, dass meine bayerischen Nachlassgerichte ungefähr so effizient organisiert sind, wie der Produktionsablauf bei BMW im Werk München. Das Ergebnis, das beim Nachlassgericht heraus kommt, ist ebenfalls Premiumklasse, mindestens 3er Cabrio. Nur: würden Sie einen BMW kaufen, wenn Sie dafür von Düsseldorf nach München fahren müssen, um den zu bestellen? Nein, Sie wollen hier zum Autohändler. Schauen wir doch mal unser Rechtshändlernetz an. Das schrumpft doch momentan noch schneller als das Autohändlernetz. In Brandenburg, hat mir die vormalige Justizministerin gesagt, müssen Sie mit Anfahrtswegen von bis zu 50 km bis zum nächsten Gericht rechnen. Und das soll die Schwester mal mit dem Bus machen, vom Oderbruch aus. Da ist die doch schneller am Strand in Dubai. Und selbst in Bayern haben wir das königlich bayerische Amtsgericht leider nur noch im Fernsehen. Ich bedaure das mindestens so wie Sie. Ich habe ein ortsnahes Amtsgericht in meiner Notariatsverwalterschaft kennen gelernt. So etwas ist wunderschön. Ich kenne also noch königlich bayerisches Amtsgericht, aber die Realität ist eine andere. Schon deshalb wird es einfach dauern, bis man endlich das Depot von Opa Scholz auflösen kann. Inzwischen sind dann die Kurse in den Keller gegangen. Die Erbschaftsteuer, wohl gemerkt, berechnet sich aber selbstverständlich nach dem Kurswert am Todestag. Da wird die Schwester von Opa Scholz sagen. Das ist wohl Schicksal. Aber andere werden sagen: Wozu gibt es eigentlich Anwälte? Und ein Anwalt wird ein BGH-Urteil zitieren, in dem das Land Schleswig-Holstein für lange Vollzugszeiten seiner Grundbuchämter haften musste. Das Ganze ist nicht aus der Luft gegriffen. Ich kann mich sehr wohl an den Zusammenbruch des neuen Marktes 2002 erinnern, wo wir wirklich täglich beim Nachlassgericht anriefen und um den Erbschein baten, damit wir den Kurssturz stoppen können. Dann kam 2007 dieses Urteil und ich habe mir im Stillen gesagt: Ist ja hochinteressant! Also wie ist die Lage? Wir haben in der Justiz in den letzten 20 Jahren enorme Produktivitätssteigerungen gehabt. Jetzt müssen wir dran gehen, die Vertriebsstrukturen der Ware „Recht“ zu reformieren. Denn was nutzt mir ein Gericht, wenn ich es nicht erreichen kann, und was nutzt mir seine Schnelligkeit, wenn beim Gericht aufgrund der Effizienz der Organisation für die Besonderheit meines Falles keiner mehr Zeit hat? Wir laufen dadurch Gefahr, mit unserem Recht die Menschen nicht mehr dort abzuholen, wo sie stehen. Wir müssen daher die Ware „Recht“ wieder näher an den Kunden bringen. Wir müssen die Leute haben, die für diesen effizienten Ablauf die Fälle vorstrukturieren, damit wir sie dort ohne Zeitverzögerung bearbeiten können. Was wäre die Lösung für die Schwester von Opa Scholz? Sie braucht jemand, zu dem sie rasch kommt, mit dem sie den Wust von Papieren durchgehen kann und die richtigen Geburts- und Heiratsurkunden raus fischt. Wir brauchen jemanden, wo sie am nächsten Tag noch mal schnell vorbei kommen kann, wenn sie was vergessen hat. Wir brauchen jemanden, der ihr zuhört. Wir brauchen dann vielleicht auch jemand, der zum Telefonhörer greift und ihrem Banker klar macht, dass es, wenn er jetzt nicht spurt, richtig Ärger geben kann. Daher halte ich das Vorhaben der Koalition für berechtigt. Der Rückzug der Gerichte aus der Fläche zwingt uns dazu, die Aufgaben in diesen Verfahren anders zu verteilen. Wir sind gemeinsam verpflichtet, bürgernahes Recht zu bieten. Denn nur bürgernahes Recht ist gutes Recht und gutes Recht ist die Voraussetzung für Frieden. Und erst recht für überfällig halte ich das Projekt eines zentralen Testamentsregisters. Wenn ich an unser Meldesystem bei Verfügungen von Todes wegen denke, dann fällt mir auch diese Schautafel über die Erdzeitalter ein. Ich würde jetzt ans Karbon denken, weil ich glaube, dass die Massen von Papier im Amtsgericht Schöneberg jetzt langsam mal zu Steinkohle werden. Ich kann dann nur sagen: „Guten Morgen, Deutschland." Wir haben ja jetzt bereits die schöne Aufgabe, ohne Übergangsvorschrift nach dem FamFG für 20 Jahre für die Erbverträge den Aufenthalt der Beteiligten zu ermitteln. Allzu oft bekomme ich von den Gemeinden für teures Geld – wir müssen nämlich in Bayern dafür zahlen – falsche Auskünfte, weil man einfach nicht genau genug gesucht hat. „Unbekannt verzogen" ist halt schnell hin gestempelt. Dann liefert man die Erbverträge ab und das Nachlassgericht in Bayern hat selbstverständlich einen Onlinezugang zu den Melderegistern und teilt uns dann die aktuelle Anschrift mit. Da hätte ich ganz gerne auch so einen Onlinezugang, denn das Internettelefonbuch reicht da nicht immer.Da muss ich sagen, können die Gerichte leicht sagen, sie seien effizienter, wenn sie kostenlos BMW fahren dürfen und wir kostenpflichtig einen Lada haben. Herzlichen Dank fürs Zuhören!

Diskussionsleiter:

Dank Herrn Kollege Vossius, für seine bekannt, plastischen Ausführungen. Ich glaube, es ist nun doch alles gesagt, was man hätte sagen können, außer der Tatsache, dass das Publikum noch nicht beteiligt war. Vielleicht vorweg die Frage: Das Thema „Zentrales Testamentsregister" ist ja inhaltlich hier nicht näher erläutert worden. Gibt es jemanden, der gegen eine solche Einrichtung wäre? Auf dem Podium oder im Publikum. Oder gibt es Bedenken oder Gegenargumente?

Zuruf aus dem Publikum:

Wer trägt die Kosten?

Das ist richtig. Aber wenn ich das richtig verstehe, arbeitet man an dieser Idee. So gesehen könnte man also, glaube ich, das als allgemeinen Wunsch abhaken.

Fragen aus dem Publikum. Bitte schön, Herr Kollege Frischen.

Ach so, ich darf hinzufügen und vielleicht auch um Verständnis bitten, wir wollen, glaube ich, aufzeichnen. Ich hoffe nicht, dass jemand dagegen ist.

Herr Hermann Frischen, Notar in Krefeld:

So ideal ist es nicht bei den Nachlassgerichten. Zumindest zuerst sollten sie endlich mal dazu einstimmen, dass man das Antragsverfahren des Erbscheins vom Gericht wegnimmt, denn beim Gericht finden sie null Beratung, was man gerade beim Erbscheinsverfahren machen kann, indem man mal fragt, wie ist eure finanzielle Situation. Man kann zu Ausschlagungen raten. Man kann/braucht ja nicht alles auszuschlagen, man kann eine Erbschaft auch zu einem Viertel oder zur Hälfte ausschlagen und kann dort so noch verfahrene Testamente etwa retten. Erbschaftssteuerlich. Es ist ein hoher Beratungsbedarf gerade bei Erbscheinsanträgen nötig und ist vorhanden und den kriegt man beim Amtsgericht nicht.

Diskussionsleiter:

Wollen Sie dazu gleich Stellung nehmen, vielleicht Herr Damm oder Herr Kassen?

Herr Damm:

Also aus meiner Sicht, gerade die normalen Erbfälle, die laufen schon mit einer gewissen Beratung, denn ohne Beratung ist ja die Aufnahme auch ordentlicher Erbscheinsanträge nicht möglich. Das läuft bei Ihnen im Notariat ja genauso. Gegen die Alleinzuständigkeit der Notare für die Aufnahme der Erbscheinsanträge bestehen überhaupt keine Bedenken, aber lassen Sie mich eins noch mal sagen. Wenn Sie sagen, das wird besser und bürgernäher und weil jetzt die Justiz sich aus der Fläche zurückzieht, dann mag das zwar eine gute Lösung für den Bereich des Nachlasses sein, aber dieser Rückzug aus der Fläche wird weitergehen. Der wird sich auf weitere Dienstleistungen oder Entscheidungen der Justiz auswirken und wird weitere Gerichtsschließungen zur Folge haben und die Justiz wird sich weiter auf zentrale Standorte zu bewegen. Das wird für andere Sachen tatsächlich folgen. Das wird weiter gehen, das wird Zentralisierungen geben und dann ist der Bürger und auch der Notar weiter weg zum Gericht, wenn er es denn mal braucht.

Diskussionsleiter:

Herr Kassen, bitte ja.

Herr Kassen:

Herr Frischen, einverstanden. Auch wenn die Notare das Antragsverfahren haben. Ich hab leider als Nachlassrichter auch immer eine andere Erfahrung gemacht. Die Notare haben die Leute zum Gericht geschickt und haben gesagt „da mach das da, uns ist das zu lästig". Leider, das war meine Erfahrung. Ganz subjektiv, aber so war es.

Diskussionsleiter:

Herr Kassen, Frage zwischendurch. Herr Damm hat bemerkenswerterweise gesagt, er hätte gegen die Alleinzuständigkeit keine Bedenken.

Herr Kassen:

Ich hab das auch gesagt.

Diskussionsleiter:

Können wir das als allgemeine Einstellung hier festhalten? Auch das wäre ja ein wichtiges Ergebnis unserer heutigen Diskussion. Ja! Darf ich weitere Fragen erbitten. Herr Kollege Schüller.

Herr Schüller:

Ich habe den Eindruck, dass die Akteure der Diskussion, und das beobachte ich seit Jahren, jeweils eine „Alles-oder-Nichts-Position" einnehmen und dadurch eben auch eine wechselseitige Blockade ausgelöst wird. Und so wird man politisch natürlich nichts erreichen. Die Frage ist und die, mal abgesehen von fiskalischen Hinweisen, und wir haben ja heute Morgen gelernt, dass die Reduzierung auf fiskalische Argumente eigentlich neben der Sache liegt, dass also diese Position immer da abgelehnt wurde, auch mal darüber nachzudenken, ob eine modifizierte, kleinere Lösung politisch umsetzbar ist und man sich darauf verständigen könnte. Und ich denke, dass Herr Ehmann aus seiner Sicht vielleicht eine Einschätzung abgeben könnte, ob so etwas politisch Aussicht auf Erfolg haben kann.

Herr Ehmann:

Der Gesetzentwurf, um den es jetzt geht, um den es schon in der letzten Legislaturperiode ging, ist wesentlich dünner, abgespeckter schon als das, was ursprünglich in der Diskussion war. Es ist dieser familienrechtliche Teil mit der einverständlichen Scheidung vollständig raus. Bei den Nachlasssachen habe ich ihnen ja vorhin gesagt, wir haben uns da für die starre Öffnungsklausel entschieden. Für die starre Öffnungsklausel haben wir uns deswegen entschieden, weil wir gemeint haben, wenn wir zum einen eine Öffnungsklausel machen und zum anderen diese Öffnungsklausel noch völlig offen lassen, dass also im Grunde in jedem Bundesland aus dem Bereich des Nachlasswesens ein anderes Aufgabenbündel auf den Notar verlagert werden kann, dass wir dann zu einer bundesweit völligen Zersplitterung und damit Unübersichtlichkeit der Zuständigkeit in Nachlasssachen kommen. Deswegen hat man sich in Nachlasssachen für diese „Alles-oder-Nichts-Lösung“ entschlossen. Es wird ja schon dem Thema Öffnungsklausel als solchem der Vorwurf gemacht, dass es zu einer Rechtszersplitterung führt, und diese Rechtszersplitterung wird sich natürlich potenzieren, wenn wir innerhalb der Öffnungsklausel noch mal eine Fülle von Diversifikationsmöglichkeiten eröffnen würden. Also ich kann mir nicht vorstellen, dass es politisch möglich ist, jetzt diese Öffnungsklausel, so wie sie im Gesetzentwurf vorgesehen ist, noch aufzuweichen, weil ich glaube, dass wir dann denjenigen, die gar keine Aufgabenübertragung wollen, zuarbeiten würden.

Diskussionsleiter:

Herr Sabel, meine Frage ist schon: Aufgaben der Gerichte können durch Gesetz auf Notare übertragen werden - heißt das nur Funktionsbereiche oder auch Teile aus Funktionsbereichen?

Herr Sabel:

Ich denke, dass grundsätzlich auch hier eine Übertragung von Teilbereichen möglich wäre, wollte aber auf den Aspekt hinweisen, dass, wenn man etwa daran denkt, hier nur die unstreitigen Erbscheinsangelegenheiten dem Notar zu übertragen, das mag verlockend scheinen und auch - ja sicherlich - dann weniger brisant sein, was die Berufsbildänderung der Notare angeht, führt aber dann zu dem Effekt, den wir in der Justiz oft beobachten. Wir behalten die schwierigen, komplizierten, undankbaren Dinge mit umfangreichen Beweisaufnahmen. Die machen wir fürs gleiche Geld, wie die Notare die einfachen unstreitigen. Das kann es im Sinne der Justiz auch nicht sein. Das würde die Situation eher verschärfen, und deshalb muss man, wenn man hier filetiert und noch kleinere Teile herauslöst, sicherlich sehr vorsichtig sein und gucken, dass die Justiz dadurch nicht noch entscheidend geschwächt wird. Von daher denke ich, eine „Alles-oder-Nichts-Lösung“ hat wenigstens den Vorteil der Klarheit für sich und auch den der ja dann vollständigen „Entlastung“, wenn es denn eine ist, worüber man auch streiten kann. Danke.

Diskussionsleiter:

Herr Kollege Litzenburger, bitte.

Herr Litzenburger:

Diese Öffnungsklauseln haben ja immer das Problem in sich, dass sie zu einer Zersplitterung führen. Das heißt, die Frage ist, ist es nicht sinnvoller, nicht eine Öffnungsklausel zu machen, sondern sich die Aufgaben ganz genau anzuschauen und insgesamt, und zwar bundesweit ändern. Beispielsweise die Aufnahme von Erbscheinsanträgen, das ist in der Tat ein Problem, das also nicht immer so läuft wie in Essen. Bei uns läuft es andersrum. Das heißt die komplizierten kriegen wir und die einfachen machen die Gerichte. Also insofern: Da ist in der Tat Handlungsbedarf und ich habe auch kein Problem mit dem Konsensualerbschein, dass man da differenziert, also beispielsweise wenn der Erbscheinsantrag und der Erbschein dann eine Zehnzehntel-Gebühr auslöst und wenn es eben ein streitiges Verfahren ist, kostet der Erbscheinsantrag auch vielleicht auch Zehnzehntel oder Fünfzehntel und die Erteilung selber kostet eine Zehnzehntel-Gebühr, also das sind sicher keine Fragen, an denen das scheitern muss. Also mir scheint eine Öffnungsklausel sehr problematisch, weil es wirklich unübersichtlich wird für den Bürger. Für uns Notare ist das eher kein Problem. Wir wissen in welchem Land und können uns dann genau informieren, wo wir hingehen müssen. Das müssen wir in vielen Fällen ja auch machen. Mir wäre es schon wichtig, dass man vielleicht bundeseinheitliche Lösungen findet, und zwar in den bestehenden Rechtssystemen. Es hätte auch den Vorteil, dass man dann keine Grundgesetzänderung braucht. Das heißt, man muss sich anschauen, was kann man im BGB ändern, was ist an Zuständigkeiten den Notaren zu geben, und die Länder können sich in bestimmten Bereichen ja auch abstimmen, wenn es eine Landeskompetenz darstellen sollte. Also, diese starre Öffnungsklausel, die wird vielleicht in Baden-Württemberg, vielleicht noch in Bayern kommen, aber ansonsten habe ich nicht viel Erwartung, dass dann von diesen Klauseln viel Gebrauch gemacht werden wird.

Diskussionsleiter:

Herr Frenz.

Herr Frenz:

Ich wollte noch auf einen Umstand vielleicht hinweisen. Es ist ja mehrfach gesagt worden, dass das für die Notare, auch um die Qualität oder die gleiche Qualität zu erreichen, dass das vielleicht eine Umstellung bedeutet. Ich will nur darauf hinweisen, wir haben in der Vergangenheit ja immer die Erfahrung gemacht, dass wir Zuständigkeiten hinzu gewonnen haben, und zwar zum Teil Zuständigkeiten, mit denen wir vorher gar nicht gerechnet haben, z.B. die Erweiterung der Möglichkeiten Zwangsvollstreckungsunterwerfungen vorzunehmen. Es waren ja früher nur Geldansprüche, jetzt haben wir ganz andere Ansprüche. Wir haben Zuständigkeiten bekommen im Umwandlungsrecht, wir haben andere, neue Erscheinungen, wo wir, also neue Entwicklungen, umsetzen müssen, wie z.B. Sachenrechtsbereinigungsgesetz – der Kollege Vossius erinnert sich sicherlich noch lebhaft daran – zum Beispiel. Oder auch das gesamte Wiedervereinigungsrecht oder jetzt im elektronischen Rechtsverkehr. Wir haben das geschafft und ich möchte das so sagen, weil auch manchmal die Kollegen da ein bisschen „Muffensausen“ davor bekommen, ob wir das tatsächlich alles so in den Griff bekommen. Und ich finde, wir sollten da durchaus zuversichtlich sein. Insbesondere im Erbrecht, weil Erbrecht sowieso eine uralte, notarielle Materie ist. Das ist nicht etwas prinzipiell Neues für uns. Und wir haben es in der Vergangenheit immer geschafft, und zwar im gesamten Berufsstand, auch daran liegt mir, dass ist nicht nur im Bereich des Nurnotariats erfolgreich umgesetzt worden, sondern ebenso im Bereich des Anwaltsnotariats. Es gibt in all diesen Bereichen, die ich aufgeführt habe, keine nachhaltigen grundsätzlichen Störungen des Rechtssystems oder so etwas, dass es etwa in Schleswig-Holstein nicht so funktioniert hätte wie irgendwo anders. Wir haben es tatsächlich geschafft, das im Notarstand zu bewältigen. Das liegt daran, dass wir auf der einen Seite ein ziemlich gut funktionierendes Fortbildungssystem haben, für das ich sprechen darf. Das wir auf der anderen Seite aber auch solche Institutionen haben wie das Deutsche Notarinstitut, was uns da ja erheblich hilft und jetzt schon hilft, zum Teil ja auch den Gerichten hilft, auch den Nachlassgerichten mit denen wir bei schwierigen Fragen in Kontakt sind. Also ich denke, wir können so etwas ohne Weiteres bewältigen und wir sollten auch selbst als Notare den Mut haben, auch der „großen Lösung“, auch der, wenn sie käme, durchaus zuversichtlich entgegen zu blicken, dass wir das auch bewältigt bekommen. Danke schön.

Diskussionsleiter:

Ja, schönen Dank. Vielleicht auch wegen der Frage von Herrn Litzenburger: Herr Sabel, was ist mit diesem Thema „Gefahr/Zersplitterungsgefahr“ aus Ihrer Sicht? Sie haben sich ja damit beschäftigt.

Herr Sabel:

Die Tendenz, mit Länderöffnungsklauseln zu arbeiten, nimmt nach meiner - zugegeben kurzen - Erfahrung im ministeriellen Bereich deutlich zu. Es scheint eine für den Bund risikolose Möglichkeit zu sein, politische Vorhaben schnell durchzusetzen, und man kann sagen, dass diese Art der Gesetzgebung sicherlich eher politisch vorgegeben ist, als dass sie fachlich vorgegeben wäre.

Diskussionsleiter:

Was natürlich die Anschlussfrage aufwirft aus der berufspolitischen Sicht: Wollen wir angesichts dieser Gefahr gleichwohl eine Länderklausel, so habe ich wohl Herrn Litzenburger verstanden, wie ich aber die berufspolitische Einstellung einschätze, ist die Bereitschaft der Kollegenschaft dazu wohl vorhanden, denn wir haben uns bisher eigentlich nicht verweigert, wenn es darum ging uns Aufgaben zu übertragen. Darf ich das mal so in den Raum stellen? Gibt es andere Auffassungen dazu? Also aus der Sicht der Kollegenschaft, Herr Kollege Vossius vielleicht?

Herr Vossius:

Ich glaube, wir sollten uns noch mal das ins Gedächtnis rufen, was uns Frau Preuß heute Nachmittag gesagt hat. Wir schauen immer zu sehr auf das Endprodukt. Das ist die Urkunde. Wir sollten den Blick drauf stellen, dass die Urkunde noch nicht einmal das Endprodukt, sondern nur Teilstück eines Verfahrens ist.

Ein Verfahren, das mit dem Telefonanruf des Beteiligten beginnt, was ein Antrag ist im gerichtlichen Sinne ist, und ein Verfahren, das noch nicht einmal mit der Abgabe der Urkunde an das Staatsarchiv beendet ist. Denn auch dort unterliegen sie unserem Zugriff und unseren berufsrechtlichen Pflichtenbindungen. Wir müssen, wenn wir diese Aufgabe denn kriegen, falls der Gesetzgeber uns diese gibt, uns schon überlegen, ob dieses FamFG-Verfahren hierauf genau passt. Mir wäre es persönlich lieber, gewissermaßen die §§ 54a ff. BeurkG analog im Erbscheinsverfahren anzuwenden. In klassischer Weise wäre mit einem Vorbescheid zu arbeiten. Wir haben ja kontradiktorische Verfahren - es ist ja nicht so, dass wir überhaupt keine Erfahrung damit haben - etwa beim Widerruf von Hinterlegungsanweisungen. Aber wenn ich mir jetzt anschaue, was bei unseren Familiengerichten und Betreuungsgerichten im Genehmigungsverfahren abläuft, mit Rechtskraft und Verfahrenpflegern usw. Da denke ich, das kann man auch ein bisschen schlanker machen.

Diskussionsleiter:

Womit wir dann beim Thema Begleitregelungen wären. Weitere Fragen? Ja, Herr Kollege Lerch.

Herr Lerch:

Bei einer Aufgabenübertragung auf Notare kommt ein weiteres Hindernis hinzu, obwohl ich mir noch keine abschließenden Gedanken gemacht habe. Meines Erachtens müssten bei einer weiteren Aufgabenübertragung auf die Notare die §§ 20 – 22 BNotO erweitert werden. Herr Zimmermann, wir haben uns vor einem Jahr schon einmal in der Humboldt-Universität in Berlin darüber unterhalten. Ich meine es geht nicht über den § 1 BNotO. Da ist zwar die vorsorgende Rechtspflege erwähnt. Unter § 1 BNotO ist nur die Legitimation für die Landesjustizverwaltungen, Notariate einzurichten, mehr nicht. Vor allen Dingen kann man mit dem diffusen Begriff der vorsorgenden Rechtspflege schwer arbeiten. Man müsste also überlegen, ob die §§ 20 – 22 BNotO als Begleitgesetz noch erweitert werden müssen, um dort die Kompetenz der Notare zu regeln. Das nur als Diskussionspunkt.

Diskussionsleiter:

Ich würde die Frage gerne an Herrn Sabel weiter geben.

Herr Sabel:

Ja, er ist aber nicht Verfasser dieser Entwürfe. Vielleicht besser ein Kollege der Länder. Wenn ich den Entwurf hier ansehe, dann wird natürlich auch in § 20 BNotO und namentlich in § 21 BNotO eine Änderung vorgenommen, die genau dem Rechnung trägt, also ist bereits vorgesehen, dass die Bundesnotarordnung geändert wird. Ich bin da allerdings in den Details nicht drin und weiß nicht, ob dort wirklich alles geregelt wird. Deshalb möchte ich Herrn Ehmann um Ergänzung bitten

Herr Ehmann:

Also das ist jetzt mehr Gesetzgebungstechnik, ob das bei § 1 BNotO oder bei §§ 20, 22 ff. BNotO geändert wird. Ich glaube nicht, dass das ein Thema ist, das hier im Detail ausdiskutiert werden muss. Ich sehe hier in erster Linie eine standespolitische Veranstaltung, und da kommt es drauf an, was will der Berufsstand der Notare auf der einen Seite, was wollen die Landesjustizverwaltungen oder das BMJ auf der anderen Seite, und in diesem Gefüge werden wir dann ein Ziel entwickeln. Das Ziel haben wir entwickelt und es ist dann mehr eine Frage der Technik, an welche Stelle man das setzt, in die BNotO sozusagen „reinschraubt". Aber der Schwerpunkt der Regelungen, die ins Auge gefasst sind, der ist sowieso bei den §§ 20 bis 22 BNotO, und es gibt auf der anderen Seite auch wieder Regelungen, die passen überhaupt nicht in die BNotO rein, die muss man sowieso wieder woanders reintun. Wir müssen dann z.B. auch wieder am FamFG rumschrauben. Es liegt eben an unserem Rechtssystem, daran, dass es kompliziert ist und kompliziert bleibt und vielleicht sogar noch komplizierter werden wird.

Diskussionsleiter:

Das wäre schon ein gutes Schlusswort, aber ich mag Herrn Lerch vielleicht trösten damit, dass das offensichtlich dann im weiteren Verfahren auch noch mal geprüft werden soll. Frau Preuß, ich hätte Sie jetzt gerne noch um eine Stellungnahme, weil ich sehe, Sie sind die einzige Referentin, die hier noch im Raume ist, was Sie besonders ehrt. Ich glaube, dass eine Fülle von Fragen angesprochen worden sind, die Sie vielleicht aus Ihrer kritisch-wissenschaftlichen Sicht noch einmal hinterfragen möchten. Deswegen bitte ich Sie um Ihre Stellungnahme.

Frau Preuß:

Ich wollte jetzt eigentlich gar nichts hinterfragen, sondern mir ist bei den zwei letzten Diskussionsbeiträgen bereits wieder eine neue Idee gekommen. Das ist doch der Sinn einer solchen Veranstaltung. Herr Vossius hat das gerade angesprochen. Wahrscheinlich liegt das zentrale Problem nicht in der Aufgabenverlagerung. Das vorgelagerte, das entscheidende Problem ist die Frage, wie denn im Grunde das Verfahren ordentlich und vernünftig gestaltet werden kann. Sie haben gerade noch einmal die FGG-Reform angesprochen. Hier hat man wirklich das Gefühl, dass einige Bereiche der Freiwilligen Gerichtsbarkeit, die so typische vorsorgende Rechtspflege, das Registerverfahren, das Erbscheinsverfahren etc., gar nicht im Fokus standen, und so merkt man bei diesen Verfahren mittlerweile auch, dass Abwicklungsprobleme auftreten. Deshalb meine These: Das Problem ist vor allem verfahrensrechtlicher Natur. Es ist das Problem, dass man diese äußerst wichtigen Bereiche der Freiwilligen Gerichtsbarkeit nicht wirklich durchgerastert und vom Telefonanruf bis zum letzten Vollzugsakt durchgeplant hat. Und diese Durchplanung sollte vielleicht der erste gedankliche Ansatz sein. Und bezogen auf das jetzt und hier vorrangig diskutierte Thema des Nachlassgerichtes 1. Instanz führt dieser Ansatz direkt zur „kleinen Lösung". Denn wenn man das Verfahren von vorne bis hinten durchdenkt, komme ich dazu, die einzelnen Verfahrensschritte sinnvollerweise wieder zu verteilen und – ich habe das „Kooperation“ genannt - auf diesem Wege eine verfahrensrechtliche Lösung zu entwickeln. Unsere Diskussion hat mich da bestärkt. Mein Fazit: Eigentlich liegt im Verfahren der Schlüssel. Und trotz FamFG, das jetzt auf dem Tisch liegt, aber das ja auch die ersten Probleme aufwirft, sollte man nicht sagen, dass alles komplett abgeschlossen ist. Das ist auch mein abschließendes Statement.

Diskussionsleiter:

Ja, schönen Dank, Frau Preuß. Ich frage sicherheitshalber, ob noch Wortmeldungen im Publikum gewünscht sind. Bitte schön, Herr Kollege Schäfer aus Frankfurt.

Herr Schäfer, Präsident der Notarkammer Frankfurt:

Vielen Dank. Schäfer ist mein Name. Ich bin Präsident der Notarkammer Frankfurt. Also ein Anwaltsnotar, aber ein faktischer „Nur-Notar“, weil ich das Anwaltsgeschäft seit mehr als zehn, fünfzehn Jahren nicht mehr spannend finde. Die Frage ist verbunden mit einem Dank. Ich glaube, dass die heutige Veranstaltung überfällig war. Wir haben dieses Thema in den vergangenen Jahren intensiv diskutiert, wir haben irgendwann das Signal bekommen, es hat keinen Sinn mehr diese Frage zu diskutieren. Sie ist nicht gewollt, das hat Herr Sabel ja auch ausgeführt. Jetzt wird sie wieder gewollt und jetzt wird sie sehr eilig. Mein Eindruck ist, dass wir es nicht bei der heutigen Veranstaltung belassen sollten, denn wir haben im Grunde ja – unter uns gesprochen – wir Notare haben, hatten den Wunsch, unsere emotionalen Wünsche zu rationalisieren, d.h. durch Wissenschaft untermauern zu lassen. Das ist immer gut in Deutschland. Wissenschaft mit Fußnoten ist viel besser als denken, hat heute morgen jemand sehr schön gesagt. Ist aber die Perspektive des Verfassungsrechtlers: „Man soll manches, was man vielleicht denkt, nicht sagen, und manches von dem, was man sagt, um Gottes Willen nicht drucken lassen.“ Aber das ist ja anders in unserem System. Ich möchte also anregen und fast darum bitten, dass wir die Fortsetzung dieser Veranstaltung planen, denn das, was Sie, Frau Prof. Preuß, am Schluss gesagt haben, scheint mir auch richtig. Der Teufel liegt im Detail. Und das Detail ist das Verfahren. Und jetzt noch ein Blick auf die geologische Zeittafel. Ich weiß nicht, ob es ihnen entgangen ist, aber fast ganz oben gibt es ein Atlantikum und ganz oben gibt es ein Subatlantikum. Ich glaube, da sind wir drin und wir müssen aufpassen, dass wir nicht ein Atlantikum werden.

Diskussionsleiter:

Schönen Dank, Herr Kollege Schäfer. Ja. Noch eine Wortmeldung, Herr Ruthenbeck.

Herr Christian Ruthenbeck, Rechtsanwalt und Notar:

Ich bin Kollege aus Sprockhövel, Anwaltsnotar und bin Mitglied im geschäftsführenden Ausschuss „Anwaltsnotariat" des Deutschen Anwaltvereins. Mein Appell geht noch mal dahin, dass wir dringend drauf achten müssen, dass diese Öffnungsklausel nicht dazu führt, dass es in gerade diesen neu eröffneten Gebieten oder zu eröffnenden Gebieten zu einer Zersplitterung kommt, denn die Gefahr würde ja dazu führen, dass wir wieder unterschiedliche Verfassungen haben. Und wie negativ so etwas sein kann, ist, glaube ich, Baden-Württemberg ein Beleg mit diesen vier verschiedenen Notariatsverfassungen. Und das kann nicht Sinn und Zweck sein. Und deshalb mein Appell nochmal, dass man dafür sorgt, dass diese Öffnungsklauseln zumindest so unattraktiv sind, dass kein Land davon negativ Gebrauch macht.

Diskussionsleiter:

Ja, schönen Dank Herr Kollege Ruthenbeck. Ich glaube fast, auch die Uhr gebietet es jetzt, den Podiumsteilnehmern ein Schlusswort abzuringen. Wahrscheinlich wird Herr Ehmann dann auch zu diesem Thema noch etwas sagen können. Ich habe mir überlegt, ich würde jetzt vorschlagen, einfach von der anderen Richtung zu beginnen und aus der Sicht des Berufsstandes einmal zusammenzufassen, wie man diese Veranstaltung auswerten kann. Bitte schön, Herr Kollege Vossius.

Herr Vossius:

Die Umstände die sind nun mal so, dass Kürzungen bei der Justiz angesagt sind. Wir müssen mit diesen Umständen zurechtkommen. Wir wollen ihnen nichts wegnehmen. Wir müssen miteinander schauen, wie wir eine funktionierende vorsorgende Rechtspflege weiterhin sicherstellen. Es schaut momentan danach aus, dass wir neue Aufgaben bekommen. Wir werden diese neuen Aufgaben bewältigen können. Die Sachenrechtsbereinigung war ein Beleg. Schlimmer als die Klientel „Ost-Datschenbesitzer und Wessi-Alteigentümer" kann es im Nachlassverfahren eigentlich nicht kommen. Vor allen von der sozial-konfrontativen Seite her nicht schlimmer, außer, dass die Gier vielleicht noch ein bisschen größer ist. Die Kollegen, die gerade vier Jahre im neuen Rechtssystem standen, haben das bewältigt. Das hat man daran erkennen können, dass die Sachenrechtsbereinigung vor 1994 ein unglaubliches Thema in der Presse war. Danach war das Thema weg. Mit einem Mal weg. Wir können es nur miteinander, wir sollten uns nicht in ein Gegeneinander manövrieren lassen, sonst sind die lachenden Dritten, so sagen Sie zu Recht, Herr Damm, die Haushälter in den Finanzministerien

Diskussionsleiter:

Ja, schönen Dank Herr Kollege Vossius. Sie haben auch damit noch einmal das Schlaglicht auf unsere Kollegen in den neuen Ländern, die ja originär diese Aufgabe früher hatten, gelenkt, d.h. also die Kompatibilität zeigt sich auch an diesem Beispiel. Herr Lerch?

Herr Lerch:

Ja, ganz kurz noch mal. Mir scheint das auf zwei Dinge hinaus zu laufen. Das ist schon einmal gesagt worden. Das eine ist das fiskalische Argument und das andere ist das verfassungsrechtliche Argument und die Lage, muss ich ganz ehrlich sagen, so wie sie teilweise geschildert wird, wir wollen es nicht schlimmer machen, als es vielleicht ist. Bei der Justiz ist es nicht so schlimm und ist meines Erachtens da auch ganz gut aufgehoben und wenn sie mal die Zahlen sehen, die sind ja nicht veröffentlicht, aber die laufen bei uns rum. Das 60 - 65 % der Prozesse innerhalb von sechs Monaten erledigt werden, so desolat ist die Situation bei der Justiz nicht, also man soll sich davor hüten, zu sagen, andere können es besser, weil die es schlecht machen. Das ist bei Leibe nicht so und das was Sie geschildert haben, Herr Vossius, mit diesen langen Anfahrtswegen, das mag vielleicht bei Ihnen, entschuldigen Sie wenn ich das sage, im bayerischen Hinterland der Fall sein, aber das ist ja in großen Teilen der Region nicht so. Man hat heute gute Verkehrsverbindungen und es sitzt auch nicht gerade immer ein Notar um die Ecke. Also, die Stellen sind ja auch nicht so reichhaltig, dass man jederzeit auf einen Notar zugreifen könnte und meines Erachtens sollte man es nicht schlimmer machen als es ist.

Diskussionsleiter:

Schönen Dank Herr Lerch. Herr Damm, wie sieht es bei Ihnen aus? Ich glaube, wir haben uns ja heute schon sehr angenähert, aber die Veranstaltung insgesamt wird nach wie vor nicht Ihre ungeteilte Zustimmung finden, erwarte ich.

Herr Damm:

Naja. Die Einschätzung, die hier aus dem Plenum geteilt wurde, die Notare werden diese Aufgabe bewältigen, die kann ich durchaus teilen, denn schließlich haben auch die Rechtspflegerinnen und Rechtspfleger immer wieder Aufgaben übertragen bekommen und die Möglichkeit, dass die Landesjustizverwaltungen nach dem 1. JuMoG die Nachlasssachen vollständig auf die Rechtspfleger übertragen können, wird ja langsam angefangen von Rheinland-Pfalz, wo alle Möglichkeiten seit 01.01.2009 ausgeschöpft wurden. Nachlasssachen kann ich wohl für Hessen, für Baden, nicht für Baden-Württemberg, für Niedersachsen und zunehmend auch für weitere Länder feststellen, und auch die Rechtspfleger haben, wenn sie Aufgaben übertragen bekommen haben, diese immer, trotz anfänglicher Zweifel, ob sie denn dazu in der Lage wären, geschafft und ich denke mal, sie werden das auch schaffen. Natürlich kann ich meinen Standpunkt hier nicht aufgeben, dass ich, zum Teil auch wegen der Öffnungsklausel und auch wegen anderer Bedenken natürlich auch, zunächst mal gegen die Übertragung der Nachlasssachen auf die Notare bin. Aus Sorge auch um das Verfahren, gerade Sie haben auch darauf hingewiesen, Frau Preuß, dass man da tatsächlich ansetzen muss. Will ich natürlich auch gern als Verband wie die Rechtspflegerinnen und Rechtspfleger die Erfahrung einbringen, die wir mit dem gerichtlichen Verfahren haben, und würde mich auch weiterhin als Diskussionspartner für Sie als Notarverbände natürlich zur Verfügung stellen, um gerade sicherzustellen, dass die Qualität kommt. Also da denke ich mal, können wir wie auch in der gerichtlichen Praxis, auch als Verbände zusammenarbeiten, um da das Bestmögliche rauszukriegen.

Diskussionsleiter:

Schönen Dank Herr Damm. Das ist eine sehr freundliche Perspektive, die wir auch gerne aufgreifen werden. Ich erinnere mich in dem Zusammenhang an ein Podium, auf dem ich einmal sitzen durfte, in Bad Boll, da ging es ganz anders her. Aber ich sehe, auch Sie sind durchaus nachdenklich geworden und ich glaube auch, die Partnerschaft zu Ihnen und natürlich auch zum Richterbund ist angesichts der langjährigen positiven Erfahrungen hier sehr hilfreich. Ich denke, Herr Kassen, auch das können Sie vielleicht in Ihrem Schlusswort bestätigen.

Herr Kassen:

Das kann ich gerne bestätigen und ich möchte auch das, was Herr Vossius gesagt hat, gerne aufgreifen. Nur eine enge Zusammenarbeit kann für alle Beteiligten Gewinn bringen, und man kann am Ende der Tage schon zum Ergebnis kommen, dass das eine oder andere auch aus unserer Sicht sicher auf die Notare zu übertragen ist, wobei ich dann von dem ausgehe, was Frau Prof. Preuß gerade gesagt hat, das Verfahren ist das Entscheidende. Das muss man durchdeklinieren und dann muss man sehen, was man da machen kann. Aber das muss man erst mal klarmachen, und ich glaube, dann werden sich auch an manchen Ecken auch Schwierigkeiten ergeben, die vielleicht gar nicht so einfach zu lösen sind. Aber das wird man sehen. Man muss im Gespräch bleiben und ich denke, dann wird man auch eine vernünftige Regelung erreichen können.

Diskussionsleiter:

Schönen Dank, also das Motto sollte lauten: „Es gibt viel zu tun, packen wir es gemeinsam an." Herr Ehmann, das Stichwort „Zersplitterung" ist nicht so ganz aus dem Raum. Vielleicht dazu noch ein Wort von Ihnen.

Herr Ehmann:

Das Wort „Zersplitterung" klingt negativ, ja es klingt so, als würde etwas zerstört oder angeknackst, was eigentlich eine Einheit ist. Man muss das Wort Öffnungsklausel jetzt nicht nur mit diesem negativen Beiwort „Zersplitterung" versehen, sondern man kann das Wort Öffnungsklausel auch mal umgekehrt positiv sehen. So versuche ich das immer zu sehen. Die Öffnungsklausel ist eine Methode, eine neue Regelung zu bekommen, die ich ohne die Öffnungsklausel wahrscheinlich nicht bekommen würde; zumindest nicht flächendeckend bekommen würde. Und was ist daran so Schlimmes. Wenn Sie mal ins Grundgesetz reingucken, da steht ja nicht nur, dass die Bundesrepublik Deutschland ein demokratischer Rechtstaat ist, es steht auch drin, dass sie ein Bundesstaat ist. Und wenn wir ein Bundesstaat sind, dann ist es naheliegend, dass es in einigen Bundesländern eben unterschiedliche Rechtsgestaltungen, Rechtsformen gibt. Es gibt andere Bundesstaaten, nehmen sie die Schweiz, nehmen sie die Vereinigten Staaten. Da sind die Unterschiede zwischen den einzelnen Bundesstaaten viel, viel größer als bei uns. Selbst in der kleinen Schweiz, die ja zumindest von der Einwohnerzahl her deutlich kleiner ist wie Baden-Württemberg, ist das Rechtssystem viel uneinheitlicher als in dem noch nicht einheitlichen Baden-Württemberg. Ich will damit sagen, die Öffnungsklausel ist auch etwas Positives, weil sie ermöglicht, einen Schritt zu gehen, der sonst noch nicht gegangen werden könnte, und der auf diese Art und Weise auch einen Wettbewerb der Rechtsordnungen unter den Ländern eröffnet. Entweder das, was mit der Öffnungsklausel eingeführt wird, bewährt sich, dann werden sich die anderen früher oder später anschließen, oder es bewährt sich nicht, dann verschwindet es wieder. Darin sehe ich nichts Schlechtes. Noch ein abschließender Satz. Es trifft zu, das ist hier wiederholt gesagt worden, dass wir mit unserem Rechtssystem eigentlich zufrieden sein können, also mit unserer Justiz zufrieden sein können im internationalen Vergleich, was die Qualität anbetrifft und was die Geschwindigkeit anbetrifft. Das sollte uns nicht daran hindern, ständig darüber nachzudenken, wie wir es besser machen können. Und weil man immer noch etwas besser machen kann möchte ich schließen mit einem Satz aus dem Roman „Der Leopard" von Lampedusa, der heißt: „Es muss sich alles ändern, damit die Dinge so bleiben wie sie sind."

Diskussionsleiter:

Schönen Dank, Herr Ehmann. Ich möchte Herrn Schäfer vielleicht doch zurückstellen, wenn Sie gestatten. Das passt jetzt doch gut zu Herrn Sabel. Herr Sabel, meine Frage eben auch Thema „Öffnungsklausel": Was sehen Sie in welchem Zeitraum überhaupt im Gesetzblatt? Und zweite Frage, weil das Thema auch in den Vorträgen angesprochen wurde: Was hätte das für eine Bedeutung für unser Verfahren zu Art. 45 EG?

Herr Sabel:

Ja, seherische Fähigkeiten besitze ich nicht. Ich sehe allerdings, dass durch die Festlegung im Koalitionsvertrag und durch die unveränderte Position der Länder das Gesetzgebungsverfahren wohl zügig weiter betrieben werden wird. Ich sehe auch nicht, dass bei der derzeitigen Lage wesentliche Änderungen im Sinne einer nochmaligen grundlegenden Überarbeitung, auch vielleicht Zurücknahme gewisser Totalöffnungsklauseln, erreicht werden könnte. Das wäre in einem Gesetzgebungsverfahren, wenn das Gesetz so eingebracht ist, sehr schwierig zu erreichen. Die Bundesregierung würde aufgrund der Festlegung im Koalitionsvertrag, ja auch im Prinzip die gleiche Haltung vertreten wie die Länder. Das müsste dann aus der Mitte des Bundestages kommen, ein solcher Auftrag, da glaube ich nicht dran. Für mich ist das große Fragezeichen das der Erforderlichkeit der Grundgesetzänderung. Hier möchte ich darauf hinweisen, dass insbesondere das Bundesministerium der Justiz als Verfassungsministerium und unsere Abteilung IV als Verfassungsabteilung nicht dafür bekannt ist, ihre Meinung von vor 14 Tagen jetzt grundlegend zu revidieren, nur weil ein neuer Koalitionsvertrag geschlossen wurde. Hier wird man sehen, wie das dann politisch aufgefangen bzw. bewertet werden wird, ob wir tatsächlich ohne eine Grundgesetzänderung das Risiko eingehen, eine solche umfassende Aufgabenübertragung auf die Notare vorzunehmen. Täten wir dies, hätte dies nach meiner Einschätzung keinerlei Auswirkung auf das anhängige Verfahren beim Europäischen Gerichtshof, weil der EuGH nicht einzelne hoheitliche Aufgaben von Notaren, die dann unstreitig wären, zum Anlass nehmen würde, dies in anderen Bereichen dann als Rechtfertigungsgrund zu sehen, sondern es würde dann in der Beurkundungstätigkeit bei der Beurteilung bleiben, wie sie ohne die Übertragung der Nachlassangelegenheiten auch wäre. Ich glaube, der Art. 45 EG wird ja immer von den Aufgaben her, nie vom gesamten Berufsbild her dann gesehen. Es geht um Tätigkeiten, nicht um ganze Berufe.

Diskussionsleiter:

Schönen Dank Herr Sabel. Möglicherweise ist das von unserer Perspektive her nicht ganz so selbstverständlich. Die Notare sind natürlich sehr sensibel auf diesem Gebiet und suchen jedes unterstützende Argument und haben auch da eine gewisse Hoffnung. Aber zum Schluss dann bitte Herr Kollege Schäfer. Ich habe Sie nicht zurücksetzen wollen, sondern es passt doch sehr gut, wenn ein Vertreter des Präsidiums der Bundesnotarkammer die letzte Äußerung auf dem Podium tut. Vielleicht auch unter Berücksichtigung des Bedenkens, dass Herr Kollege Ruthenbeck eingestreut hat. Das Thema „Zersplitterung" hat ja verschiedene Aspekte. Es kann ja auch wieder zu einem Auseinanderdriften der Kollegenschaft führen.

Herr Schäfer:

Ja, vielen Dank. Ich möchte beginnen mit einer Bemerkung. Ich habe mir überlegt, wie ich es ausschmücken soll. Ich habe den Begriff „bemerkenswert" gewählt und ganz bewusst. Ich halte es für bemerkenswert, dass diese Veranstaltung mit einem Ergebnis geschlossen werden kann, dass sich alle hier im Saal Anwesenden, unter Einschluss der Vertreter der Richterschaft und der Rechtspfleger, dafür ausgesprochen haben, dass die Zuständigkeit für die Erbscheinsanträge zu 100 % den Notaren übertragen werden soll. Das hätte ich bei Beginn dieser Veranstaltung nicht für möglich erachtet. Zweite Anmerkung: Was bedeutet das für das laufende Gesetzgebungsverfahren? Ob wirklich, Herr Sabel, es nicht möglich sein soll, auch im Sinne der von Frau Prof. Preuß favorisierten „kleinen Lösung"- ich hatte mich ja eben in meiner subjektiven Meinung auch schon dahin ausgesprochen - diese im Gesetzgebungsverfahren zu erreichen? Wir haben gerade in der letzten Legislaturperiode kurz vor Toresschluss noch Änderungen in maßgebenden Gesetzen, bei manchen sogar in bemerkenswert kurzer Zeit - Sie wissen worauf ich anspiele - erlebt, und das hätte vorher auch niemand vorhergesagt. Dritte und abschließende Anmerkung: Ich glaube, die Kammern des Notariats können mit der heutigen Veranstaltung sehr zufrieden sein und die klare Ansage ist die, dass auch eine weitere Lösung, wenn es denn sein muss mit Länderöffnungsklauseln, umgesetzt werden kann. Und deshalb der Appell an den Gesetzgeber, nach Möglichkeit zu versuchen, in der Überzeugungsbildung so stark zu werden, dass die Länder von der Möglichkeit, wenn sie eine Klausel bekommen, diese auch zu ziehen. Und dann mag das Gesetz durchaus mit einer Öffnungsklausel versehen sein. Wenn sie einheitlich gezogen wird, kommen wir dem gewünschten Ziel sehr nah. Das Notariat und das verfasste Notariat wird in allen Formen, auch um diese letzte Anmerkung zu machen, was Zuständigkeitsfragen im Falle der Übertragung des Nachlassgerichts anbelangt, vorbereitet sein; Lösungen sind nämlich schon vorgedacht. Weil wir immer ein vorausschauender Beruf sind. Danke schön.

Diskussionsleiter:

Ohne Hellseher sein zu wollen, aber Erfahrungen aus dem berufspolitischen Umfeld der letzten Jahre haben gezeigt, dass viele unserer Vorstellungen tatsächlich auch einmal zum Erfolg geführt haben. Insofern sind wir optimistisch. Es ist auch so, dass, wie Herr Kollege Schäfer es zum Ausdruck brachte, die möglichst einheitliche Umsetzung wünschenswert ist, wenn denn schon eine solche Öffnungsklausel kommt. Ich glaube auch Herr Kollege Ehmann war nicht anders zu verstehen. Eine Experimentierklausel sollte es dann nicht sein. Ja, liebe Teilnehmer. Ich sehe auf die Uhr. Wir haben genau unseren Plan eingehalten. Ich bin darauf auch ein wenig stolz, aber ich darf vor allem Frau Preuß für diese wunderbare Planung danken, die ja nun genau gepasst hat und, Frau Preuß, alle sehen es jedenfalls so hier im Saale, wie ich es hier sehe. Ich kann Ihnen bestätigen, dass die maßgeblichen Meinungsträger der Berufsangehörigen alle hier geblieben sind. Ich hoffe, nicht nur wegen der Verkehrsverhältnisse um Düsseldorf herum, in die ich sie jetzt entlassen muss. Ich danke Ihnen für Ihre Aufmerksamkeit.

FSC
www.fsc.org
MIX
Papier | Fördert gute Waldnutzung
FSC® C083411

Kolibri 360 GmbH
Ferdinand-Jühlke-Straße 7
99095 Erfurt, Deutschland
produktsicherheit@kolibri360.de